U0145213

制度設計
與臺灣客家發展

周錦宏————————主編

王保鍵 吳忻怡 周錦宏 姜貞吟 孫煒 張陳基 劉小蘭 ┃ 合著

五南圖書出版公司 印行

　　臺灣政治的民主化驅動了族群意識的覺醒和族群運動的發生，並在《中華民國憲法增修條文》第10條第11項「國家肯定多元文化」為規範的基礎下，設置了族群事務專責機關，將族群發展建立在公共化和制度化的脈絡上。臺灣的客家運動發軔於1987年，以民間力量為推動主體，循著「由下而上」的社會運動路徑，提出客家發展問題，推動客家議題進入政策議程，督促政府成立行政院客家委員會。嗣後，制定《客家基本法》作為客家政策與客家事務推動的制度化機制，以客家事務專責機關為推動主體，循「由上而下」的法制運作路徑，建構客家政策問題，運用多元的制度性機制（如劃定客家文化重點發展區）及政策工具（如訂定客語為國家語言、地方通行語），來形塑當代「客家族群政治」（Hakka Ethnic Politics）的樣貌。

　　意即，在法制架構下，政府的「制度設計」成為推動臺灣客家發展的引擎，也深刻地影響客家族群及相關行動者的「行為」。而這樣的議題對客家研究與實務上來說是重要的，本書《制度設計與臺灣客家發展》就是在回應當前客家所關切和討論的聲音。本書各篇文章，是科技部108-109年度「族群研究與原住民族研究」整合型研究計畫《族群政治對客家社會影響之研究：以制度安排為中心》的部分成果，該計畫由本人擔任總計畫主持人，各篇文章作者是各子計畫主持人。該計畫以臺灣客家族群相關事務的制度安排為中心，從「客家族群政治」、「客庄公民社會」、「客原治理比較」三個面向的七個子計畫，探究制度設計對客家社會的影響，思考國家制度及公共政策所「形塑」的族群關係，並輔以國外制度運行經驗，俾提供客家研究一個政策制度視角的思維，同時也可為實務界討論國家客家發展計畫時提供一些理論上的依據。

　　本書共分為「政治參與」、「客庄治理」、「客語復振」三個部分。選舉是落實民主政治最重要的制度性設計，參與選舉也是客家族群參與政治活動最直接的方式之一，但選舉制度的選擇和變動，就可能產生不同的政治結果和效應。第一部

分的「政治參與」，乃是從選舉制度的設計來分析對客家族群政治發展可能帶來的衝擊。本人所撰《選舉制度變革對客家族群政治參與之影響：以苗栗縣立法委員選舉為例》一文，以苗栗縣立法委員選舉為案例，探究選舉制度與客家族群政治參與的關聯性。結果顯示，選舉制度的選擇影響著苗栗地方政治的競合關係，當選舉制度與自身利益和客家族群集體利益相符合時，客家族群偏好程度會受到增強，閩南族群亦然；然而，單一選區兩票並立制的選舉方式、選區劃分和選票結構等因素，會造成客家族群代表不比例性的問題，進而壓縮客家族群政治參與的空間。姜貞吟教授《性別、政治參與和婦保名額：北部客家選區的分析》一文，則從女性政治參與的視角來探析婦女名額制度對桃竹苗客家文化重點發展區女性參政培力之影響。該文指出，小選區結構困境不利女性參政，由於女性無法／不敢／不願在小選區參選，常形成「小選區沒有女性參選、大選區女性參選踴躍」的兩極化發展現象；這樣長期下來，將不利客庄女性政治人才的培育，也無法改變客庄政治男性化的結構發展。是故，該文建議將四分之一婦女保障制度改為三分之一性別比例，以及減少四席以下的小選區規劃，將有助於客庄女性的政治參與。從這兩篇文章不難發現，代表比例性、選區規劃、選舉方式等選制因素，對客家族群和客庄女性參與政治來說是機會，也是限制。

　　第二部分的「客庄治理」，則聚焦於治理客庄的制度性機構及組織運作相關議題，並從中央、地方、社區三個層級來進行分析討論。孫煒教授的《客庄推動參與式預算的官僚政治模型：基層官僚的在地觀感》一文，選定桃園市龍潭區與楊梅區的兩個典型客庄為研究場域，藉由自辦和委外兩種地方機關推動參與式預算模型的比較，來探析基層官僚的官僚政治現象。研究發現，囿於專業與資源的不足，自辦式易陷入在既定的社會政治結構中，委外式較可超越原有場域的社會政治勢力，不過兩種模式基層官僚都需要更多的資源與強力的上層支持，才可能達成參與式預算的使命。劉小蘭教授的《區域合作（桃園）社區層級觀察—以德國LEADER-Eifel Region為例》一文，是以區域合作觀點來觀察桃園市客庄社區發展協會運作模式。該文指出，桃園客庄社區組織除了垂直與公部門合作之外，較缺乏其他合作網絡連結；但要如何連結，該文提出可參考德國艾佛（Eifel）地區以社團組織作為區域合作主體（Collaborative Agent）的案例，是可作為客庄社區未來發展區域合作的參考。吳忻怡教授所寫的《客家族群機關建置與文化敘事：以客家委員會與桃園市客家事務局為考察對象》，則解析客家治理機關是如何透過各種鉅觀的、制度面向的

文化敘事，來形塑客家族群的群體意識。該文強調，從客家運動到中央層級客家委員會的建置，再到地方層級的桃園市政府客家事務局，是可以勾勒出一個歷史的軌跡與圖像，在這個圖像中，客家族群的面貌既是延續的，但也可以說是被國家治理所改造而斷裂的。

　　客語復振是客家運動的動力，亦為驅動客家主體論述的核心，當《客家基本法》將客語定為國家語言之一之際，客語復振必然是國家客家發展計畫的重中之重。「客語復振」部分有二篇，張陳基教授的《制度安排下臺灣客庄地區的族群語言使用》一文，則是分析客家委員會2005年至2018年客語能力初級認證考試相關資料；研究顯示，族群認同與居住環境都會影響客語的使用，而客語能力認證的制度安排，不但對族群認同與居住環境影響客語使用具有調節效果，還可以發揮提升族群間相互理解的效益。王保鍵教授所撰的《臺灣客語通行語制度與客家發展：威爾斯語言政策之借鏡》一文，則是分析英國威爾斯語言復振的相關法制及威爾斯語言監察使的功能。該文指出，威爾斯語言監察使的功能，非僅消極的水平課責，尚具有精進語言政策的積極功能，是值得臺灣推動客語為通行語政策時借鏡的；並建議政府機關在推行客家相關語言措施前，宜先進行客語需求調查，俾利因地制宜採行地方居民所需的政策。

　　本書的出版，首先感謝《客家公共事務學報》兩位匿名審查人所提供的寶貴意見和建議，以及五南圖書劉靜芬副總編輯和資深編輯們的支持和幫忙。更要感謝科技部整合型研究計畫經費的補助和所有參與計畫的老師們，以及總計畫助理丘向英博士生和各子計畫助理們的協助，在此一併致上謝忱。期待這次整合研究的模式，是之後持續的動力。

國立中央大學客家學院院長

周錦宏

謹識

目　錄

第二部分　客庄治理　67

第三部分　客語復振　157

第一部分

政治參與

第（一）章　選舉制度變革對客家族群政治參與之影響：
　　　　　以苗栗縣立法委員選舉為例[1]

周錦宏[2]

壹、前言

　　選舉（election）是落實民主政治最重要的制度性設計，透過定期選舉，提供了人民制度性的政治參與管道（張世熒，2005）。在民主國家裡，選舉制度被視爲最能夠排解政治問題的靈丹（施正鋒，1999）。選舉制度也就成爲民主政治的重要規範（規則），亦提供民主政治體系改變的特別機制。

　　施正鋒（1999）認爲，民主制度的配置有三大基柱：憲政體制、政黨制度及選舉制度。一般來說，實施「總統制」國家較易趨向形成「兩黨制」的政黨體系；實施「議會制」、「雙首長制」及「委員制」國家則較易趨向形成「多黨制」的國家，但這些結果都不是絕對的，還要視該國的選舉制度而定（陳佳吉，2003）。因爲在同一種憲政體制中，若採行不同選舉制度，憲政的運作也會有所差異；舉例來說，憲政體制爲內閣制的國家若在選舉制度採單一選區相對多數決，國會中通常會有過半席次的單一政黨來組成內閣（蘇子喬、王業立，2018）。杜瓦傑法則（Duverger's Law）就指出，在社會無嚴重分歧的情況下，相對多數選舉制（一輪投票），較易形成兩黨制；絕對多數選舉制（兩輪投票），會傾向多政黨

---

[1] 本文爲科技部補助整合型研究計畫「族群政治對客家社會影響之研究：以制度安排爲中心——客家族群政黨認同與地方政治發展之研究：以桃竹苗地區爲例」（MOST 108-2420-H-008-002-MY2）部分研究成果。本文業經《客家公共事務學報》雙向匿名審查通過，感謝兩位審查人所提供的寶貴意見和建議。
[2] 國立中央大學客家學院客家語文暨社會科學學系教授兼院長。

間相互結盟的型態；比例代表選舉制，易造就多黨林立（Duverger, 1986; Lane and Ersson, 2000）。也就是說，不同的選舉制度會投射出不同的政治發展，選舉制度的選擇和變動，就可能產生不同的政治結果和效應，影響著地方政治的競合關係，甚至形塑不同的族群政治生態。

客家族群參與政治活動最直接的方式就是參與選舉，參與選舉的方式有兩種：第一種是透過投票選出代理人，第二種就是直接成為候選人。根據客家委員會於2016年的全國客家人口[3]調查，苗栗縣客家人的比例占64.27%，客家人口數約36萬2,000餘人，客家人的比例僅次於新竹縣，為全臺第二高（客家委員會，2017）。所以苗栗縣歷屆地方首長及民意代表多以客家族群為主，而人口數約占三分之一的閩南族群，在立法委員選舉中也至少會當選一席以上。可見，苗栗地方政治的發展，除受派系、政黨影響外，族群因素似乎也牽動著地方政治的生態。

考量政治的穩定度，民主國家對選舉制度的採用，通常多維持相當穩定而少有變化。因選舉制度必須回應政治權力配置的合法性、合理性與正當性，但當選舉制度失靈時，為使政治運作恢復正常和穩定的動力會逐漸累積，並藉以調整制度來改善效能（Norris, 1995）。在臺灣，因為國會議事績效不彰、金權政治橫行、選風和選紀敗壞等問題，朝野都倡議國會席次減半、改革選舉制度，來回應民眾對國會乾淨、專業、效率的期待。但選舉制度的改變可能帶來各種風險與不確定性，以致產生各種的交易成本（transaction cost）；而且變革的過程中，政黨、政治菁英、地方政治團體等相關利害關係的行動者，在考量自身利益的極大化時，可能透過選舉制度的調整，來爭取資源重分配和擴張影響力，亦可能造成不可預期的政治權力重新洗牌。

本文試圖從立法委員的選舉來探究選舉制度與苗栗客家族群政治參與的關聯性。藉由2008年起實施的「單一選區兩票並立制」（Mixed-

---

[3] 依據「客家基本法」第2條定義，「客家人」係指具有客家血緣或客家淵源，且自我認同為客家人者；而「客家人口」則是指客家委員會就客家人所為之人口調查統計結果。

Member Majoritarian System, MMM）立委選舉做一系統性的分析，以了解選舉制度的變革和新的選區劃分對苗栗客家族群政治參與的影響；同時探討各政黨在面對選區劃分問題時，他們的提名和競選策略是否會考慮族群因素；以及探究政黨政治對客家族群政治參與的選擇和發展，是海闊天空？抑或是一種箝制？

貳、選舉制度與族群政治

　　族群現象是造成臺灣政治分歧的重要因素之一，透過「族群身分—族群意識—政治態度與行為」的因果關係展現出來（吳乃德，1993），常常在選舉或政治動員時刻意被操作的議題。臺灣政治的族群化，起初是因社會不平等對待方式產生的「省籍問題」，尤其是「省籍政治歧視」，進而衍生出「弱勢族群意識」的集體想像，帶動政治型態轉變（張茂桂，1997；王甫昌，2008）。解嚴後，少數或弱勢群體藉著「政治賦權」（political empowerment）的方式，即政治菁英以政見、選舉策略、個人魅力透過選舉取得政治公職（如國會議員、地方首長及民意代表等），來掌握政治權力並影響政治決策，一方面激發少數或弱勢群體成員參與政治事務的意願，另一方面形成「政策回應」來改變少數或弱勢群體的政治和社會經濟地位（吳重禮、譚寅寅、李世宏，2003；吳重禮、崔曉倩，2010）。所以，選舉是各個族群參與政治活動最直接且有效的方式之一，也是各個族群表達其政治偏好或態度的一種政治行為。

　　邵宗海、唐玉禮（2005）就指出，族群意識的差異會影響他們參與政治活動的程度，也會對候選人政見的認同產生取捨，而且會影響到選舉的實質結果。吳重禮、李世宏（2005）的研究也發現，高度客家賦權縣市的客家族群，其政治信任明顯高於低度客家賦權縣市的客家族群，且投票參與程度也比較高，而由閩南族群或外省族群擔任縣市長的地區，客

家族群的政治信任與投票參與程度則相對比較低。像是新竹縣[4]、苗栗縣縣長長期多由客家人擔任，但為平衡地方政治生態，議長則多由閩南人出任；而桃園縣[5]由於族群人口結構多樣且複雜，客家與閩南族群人口比例相當，且閩南族群多聚居於北桃園，客家庄多分布於南桃園，在考量區域均衡與族群和諧，發展出閩客輪政、南北分治的政治慣例，即北桃園閩南人當縣長時，議長則由南桃園客家人擔任，8年後換成南桃園客家人當縣長、北桃園閩南人當議長。桃竹苗地區閩客輪政與閩客分治的現象，反映出族群人口結構與地方政治平衡的樣態。

　　Farrell（2001）認為，選舉制度的政治影響可從宏觀（macro）與微觀（micro）兩個層面來看，宏觀影響有政黨席次的比例性（proportionality）、政黨數目多寡、少數族群的代表；微觀則可能會左右選民、政客及政黨行為。由於比例代表制的比例性高，少數族群比較有機會進入國會；相對地，若少數族群散布全國各地，單一選區則不利於少數族群取得席次，但少數族群如果居住集中，成為某個選區的多數時，結果可能會不同（施正鋒，1999；Farrell, 2001）。選舉制度的設計也影響著客家族群政治參與的空間，像是在單一選區相對多數決的選舉制度下，如果選民預期他們所偏好的候選人無法選上時，為了不要浪費手上的選票，他們有可能轉投給其他有機會當選的候選人，或是轉投給次偏好對象，以防止厭惡的候選人選上，這種策略性投票（strategic voting）是經過理性計算的心理效果；對候選人及政黨來說，選舉制度或許是一種限制，但也同時提供了機會結構（opportunity structure），因為不同選舉制度的競爭方式就會不一樣，候選人及政黨為了吸引選票，就會調整他們的政見訴求和競選型態（Kate, 1980; Cox, 1997; 施正鋒，1999；Farrell, 2001）。換言之，在選舉的政治競逐過程中，選舉制度的設計則關乎公平性的問題，對族群政治的發展是限制也是誘因，兩者間是一種複雜的交

4　新竹縣於1982年分治為新竹縣與新竹市，本段所討論現象涵蓋分治前後的新竹縣。
5　桃園縣於2014年12月升格為「第六都」桃園市，本段所討論現象主要是指未升格前的桃園縣政治生態。

互作用關係，影響著族群、政黨、候選人和選民的參與政治動機和行為偏好，進而造成不同的政治結果。

臺灣在1992年第二屆至2005年第六屆的區域立委選舉採「複數選區單記不可讓渡投票制」（single non-transferable vote under multi-member district system, SNTV），全國不分區立委則採「政黨比例代表制」。SNTV選制係指每個選區應選名額為1名（含）以上[6]，但不論應選名額多少，每位選民僅能投一票且不能將多餘的選票移轉或讓渡給其他候選人，候選人則就得票高低按應選名額依序當選，而區域立委席次是依選區和人口比例進行分配。至於不分區立委席次，係依政黨在區域立委的總得票率來分配，但政黨總得票率要高於5%的門檻才能分配不分區立委席次。由於SNTV選制具有「少數代表性」（minority of representation）、選票與席次的「等比例性」等特性（Lijphart, 1994），這表示候選人只要能掌握可以跨過安全門檻的相對少數比例選票就有機會當選，也給了小黨、少數族群候選人可能參選的動機或當選機會的誘因。

但研究亦指出，SNTV選制也會帶來不少政治文化的弊端，包括：1.刺激候選人走偏鋒的意識形態；2.助長賄選風氣與黑金政治；3.有利於派系政治的運作；4.弱化政黨競爭和壓縮政黨政策辯論的空間；5.同黨同志自相殘殺、黨紀不彰；6.形成以候選人為中心的選戰型態等問題（謝復生，1992；王業立，1999；吳重禮，2002；盛治仁，2006）。2004年8月中華民國憲政史上首次立法院修憲院會，通過國會改革的憲法增修條文修正提案，其中包括廢除國大、立委席次減半、任期4年、選制改為並立式單一選區兩票制等制度變革（盛治仁，2006）。經2005年5月的任務型國民大會代表複決通過，立委選制由「複數選區單記不可讓渡投票制」與「政黨比例代表聯立一票制」，改為「單一選區兩票並立制」，立委席

---

6 第二屆、第三屆區域立法選區劃分中，嘉義市、臺東縣、澎湖縣、金門縣、連江縣等五個選區應選名額為1名，第四屆、第五屆、第六屆僅臺東縣、澎湖縣、金門縣、連江縣等四個選區應選名額為1名，其選舉方式等同於單一選區相對多數決制。

次從二百二十五席[7]減少爲一百十三席[8]（王保鍵，2007；蕭怡靖、黃紀，2010）。單一選區兩票並立制係指立委選舉中區域立委由單一名額的選區產生，全國不分區立委則依政黨比例方式產生，每一選民可投兩張票，一票投區域立委，一票投給政黨。

　　不過，這樣的選舉制度變革就直接衝擊族群政治參與的機會。舉例來說，立委席次減半直接衝擊的就是族群代表人數減少，像原住民族席次從八席減爲六席；依人口比例分配的區域立委，新竹縣、苗栗縣客家人口比例較高，但境內人口數不多，區域立委的席次就減半。而區域立委從29個選區的複數多數決改爲73個單一選區相對多數決，選區變小雖能拉近選民與候選人間的距離，候選人也比較不易走「偏鋒」方式競選；但大選區複數多數決時，族群或少數群體若集中選票支持所屬群體的候選人，可能會比小選區相對多數決有機會當選。雖然，一票選區域立委的候選人、一票選政黨名單的候選人，兩者間是平行競爭，並無排擠效應，且兩票並立制可以讓選民分別表達對候選人和政黨的偏好，也可以藉著分裂投票表達不同的偏好。但亦可能出現「選票與席次」的不比例性，因爲區域立委只有最高票可以當選，而沒當選的選票被捨棄掉，也沒有相對應的席次；同樣地，政黨票要超過5%才能依比例分配席次，若投給未超過5%政黨的政黨票也是會被捨棄，顯示選票並不等值的問題。並且，也有可能政黨在提名不分區候選人之際，爲爭取優勢、多數或特定族群的支持，將族群因素作爲優先排序考量，就可能減少客家籍候選人在可能當選安全門檻名單中的比例。

　　綜言之，選舉制度並不是中性的機制，從上述的例證就不難發現，選舉的制度設計和改變關乎族群政治的發展和參與空間，藉由選舉制度的操弄和控制，更可能會將族群政治導引到不同的發展方向，以及產生不同

---

[7] 區域立委一百六十八席、原住民立委八席（山地、平地各四席）、不分區立委四十一席、僑選立委八席。

[8] 區域立委七十三席、原住民立委六席（山地、平地各三席）、不分區及僑居國外國民立委三十四席。

的族群政治權力的效果。過去關於選舉制度變革的研究，較多關注於對國家憲政體制和政黨政治形成的影響，較少從族群和客家的視角來觀察。是故，本文以苗栗縣立委選舉作為實證分析的案例，探究選制變革對客家族群政治參與可能帶來的衝擊。

參、苗栗縣的族群政治生態

一、縣長、議長、副議長的族群政治生態

　　苗栗縣客家人口占三分之二，閩南人約占三分之一，原住民族則為2%，自1950年起實施地方自治的縣長選舉以來，除第十五屆、第十六屆外歷任縣長都是客家人（見表1-1），似也合於族群結構的地方政治發展。2005年第十五屆苗栗縣縣長選舉，劉政鴻、邱炳坤、何智輝均參與國民黨黨內初選，同年6月國民黨提名平埔族裔閩南籍的劉政鴻參選後，引起時任縣長傅學鵬（無黨籍）和黃派[9]的不滿，他們認為國民黨未尊重苗栗縣的族群政治生態，更喊出「苗栗縣長是客家人的專利」這句話，引發閩南族群和劉派的不滿，並被抨擊製造族群分裂和刻意操弄選舉。同年7月民進黨與傅學鵬達成「傅綠合」共識，支持退出國民黨並獲得民進黨徵召參選的邱炳坤，而劉政鴻則找客家籍的前省議員林久翔搭配參選，劉政鴻成為苗栗縣第一位非客家籍的縣長，2009年第十六屆再獲國民黨提名，並連任縣長。

　　歷任苗栗縣長只要是國民黨提名的客家籍候選人幾乎篤定當選，除第十二屆何智輝脫黨與同派系尋求連任的張秋華競爭，4年後何智輝重回國民黨並獲提名競選連任，同派系的傅學鵬不服，脫黨參選並當選第十三屆、第十四屆縣長，但他們仍都有泛藍的淵源。而劉政鴻雖非客家籍，但

---

[9] 苗栗縣的地方派系主要分為劉、黃兩派，苗栗縣的歷任縣長基本上是劉、黃兩派輪政，原則是分別各擔任兩任，除第六屆黃文發和第十三屆、第十四屆傅學鵬打破慣例外。

依恃國民黨和派系的支持，以及客家人較無法接受傅學鵬、邱炳坤「變色」改披綠袍，加上過去較偏綠的通霄、苑裡地區閩南人也支持閩南人當縣長[10]，因此出現了苗栗縣閩客族群在政黨和族群候選人間的選擇似有鬆動情形。

表1-1　歷任苗栗縣縣長族群身分

屆別	縣長	任期
1	賴順生（客、黃）	1951.8.15～1954.8.14
2	劉定國（客、劉）	1954.8.15～1957.6.1
3	劉定國（客、劉）	1957.6.2～1960.6.1
4	林爲恭（客、黃）	1960.6.2～1964.6.1，任期由3年延長至4年
5	林爲恭（客、黃）	1964.6.2～1968.6.1
6	**黃文發（客、劉）**	**1968.6.2～1973.1.31**
7	邱文光（客、黃）	1973.2.1～1977.12.19
8	邱文光（客、黃）	1977.12.20～1981.12.19
9	謝金汀（客、劉）	1981.12.20～1985.12.19
10	謝金汀（客、劉）	1985.12.20～1989.12.19
11	張秋華（客、黃）	1989.12.20～1993.12.19
12	何智輝（客、黃）	1993.12.20～1997.12.19
13	**傅學鵬（客、黃）**	**1997.12.20～2001.12.19**
14	**傅學鵬（客、黃）**	**2001.12.20～2005.12.19**
15	**劉政鴻（閩、劉）**	**2005.12.20～2009.12.19**
16	**劉政鴻（閩、劉）**	**2009.12.20～2014.12.24**
17	徐耀昌（客、黃）	2014.12.25～2018.12.24
18	徐耀昌（客、黃）	2018.12.25～迄今

資料來源：本文整理。

---

[10] 第十五屆苗栗縣縣長選舉，劉政鴻獲得134,277票近四成八的得票率，邱炳坤獲得83,694票約三成的得票率，劉政鴻只有在公館鄉、卓蘭鎮小輸外，其餘16個鄉鎮市都贏，而且邱炳坤的得票遠低於陳水扁2004年總統連任在苗栗縣所獲得的123,427票，差距近4萬票，顯見「傅綠合」的失敗。

　　爲了平衡族群政治生態，早期苗栗縣有縣長是客家人、議長是閩南人的不成文慣例。表1-2所示，苗栗縣議會第一屆至第十三屆議長多爲閩南籍（第三屆的黃文發、第五屆的何允文、第八屆的江基寶、第十一屆的徐文治除外），副議長則幾乎是客家籍；但自第十四屆起苗栗縣的議長都爲客家籍，副議長則改爲閩南籍，打破客家縣長、閩南議長的慣例，顯示從早期客家縣長、閩南議長、客家副議長的族群分配政治生態到近年客家縣

表1-2　歷任苗栗縣議長、副議長族群身分

屆別	議長	副議長	任期
1	陳愷悌（閩）	何允文（客）	1951.1.19～1953.2.28
2	沈炳英（閩）	王天賜（客）	1953.3.1～1955.2.28
3	黃文發（客）	黃連發（客）	1955.3.1～1958.2.28
4	魏綸洲（閩）	湯慶松（客）	1958.3.1～1962.2.28
5	何允文（客） 沈珮錄（閩）	沈珮錄（閩） 江基寶（客）	1962.3.1～1966.2.28，何允文上任不到3個月病逝，改選副議長沈珮錄接任
6	沈珮錄（閩）	江基寶（客）	1966.3.1～1970.2.28
7	陳國樑（閩）	羅黃小蘭（客）	1970.3.1～1974.2.28
8	江基寶（客）	巫棨旭（客）	1974.3.1～1978.2.28
9	林火順（閩）	劉碧良（客）	1978.3.1～1982.2.28
10	林田村（閩）	劉召福（客）	1982.3.1～1986.2.28
11	徐文治（客）	何智輝（客）	1986.3.1～1990.2.28
12	胡振春（閩）	傅學鵬（客）	1990.3.1～1994.2.28
13	胡振春（閩）	劉雪梅（客）	1994.3.1～1998.2.28
14	陳添松（客）	葉進南（閩）	1998.3.1～2002.2.28
15	饒鴻奇（客）	邱紹俊（閩）	2002.3.1～2006.2.28
16	游忠鈿（客）	陳明朝（閩）	2006.3.1～2010.2.28
17	游忠鈿（客）	陳明朝（閩）	2010.3.1～2014.12.24
18	游忠鈿（客） 陳明朝（閩）	陳明朝（閩）	2014.12.25～2018.12.24，2018年10月8日游忠鈿病逝，改選副議長陳明朝接任至12月24日
19	鍾東錦（客）	李文斌（閩）	2018.12.25～迄今

長、客家議長、閩南副議長的客家優勢政治生態。

二、省議員的族群政治生態

臺灣過去早期的政治權力中心，主要集中在省議會，省議會是地方政治勢力角力的場所，省議員選舉更是地方派系逐鹿中原的戰場，因此從省議員當選的族群身分中，可約略窺出苗栗早期的族群政治。由表1-3可知，1950、60年代，前三屆的省議員以客家籍政治菁英為主，直到第四屆後龍閩南籍的魏綸洲當上省議員，少數的閩南籍菁英才逐漸出頭，且自此之後，呈現「二客籍一閩南」的族群政治生態，亦頗符合苗栗縣族群人口的結構。

表1-3　歷任苗栗縣省議員族群身分

屆別	省議員	任期
1	黃運金（客）、王天賜（客）、藍茂松（客）	1959.6.24～1960.6.1
2	黃運金（客）、藍茂松（客）、劉定國（客）	1960.6.2～1963.6.1
3	黃運金（客）、徐享城（客）、林為寬（客）	1963.6.2～1968.6.1
4	湯慶松（客）、魏綸洲（閩）、邱仕豐（客）	1968.6.2～1973.1.31
5	魏綸洲（閩）、林佾廷（客）、黃秀森（客）	1973.2.1～1977.12.19
6	傅文政（客）、魏綸洲（閩）、林佾廷（客）	1977.12.20～1981.12.19
7	林佾廷（客）、傅文政（客）、林火順（閩）	1981.12.20～1985.12.19
8	林火順（閩）、林佾廷（客）、傅文政（客）	1985.12.20～1989.12.19
9	林佾廷（客）、傅文政（客）、林火順（閩）	1989.12.20～1994.12.19
10	陳超明（閩）、傅學鵬（客）、林久翔（客）	1994.12.20～1998.12.19 凍省後停選

資料來源：本文整理。

三、2008年以前立法委員的族群政治生態

早期在國民黨一黨獨大的威權體制下，立委選舉一直相當單純，但隨著資深立委的退職，從1989年底起的三項公職人員選舉（縣長、立委、

省議員），立委的選舉改以縣市爲選區，選戰才進入群雄並起的時代。本文從1989年第一屆增額立委的立委選舉開始歸納立委當選人的族群身分，以了解苗栗縣立法委員的族群政治生態。由表1-4可知，第一屆增額立委選舉，兩席都是客家籍，第二屆增爲三席次時爲「二客籍一閩南」，第三屆爲「一閩南一客籍」，另一席王素筠雖是外省籍，但是其夫婿爲當時的客家籍縣長何智輝，因此也可歸類爲「二客籍一閩南」的情形，第二屆、第三屆的情形與前述省議員的結構相同。但第四屆至第六屆增爲四席次時，卻是呈現客家、閩南各半的狀況，不過就國民黨所提名候選人來看，也都是「二客籍一閩南」的族群結構[11]。

從上述選舉結果來看，苗栗縣的地方政治多是由山線和中港溪地區的客家政治菁英所主導，但因爲閩南人亦占三分之一，形成閩南人擔任縣議

表1-4　苗栗縣第一屆增額至第六屆歷任立法委員族群身分

屆別	立委	任期
1	劉國昭（客）、何智輝（客）	1990～1993 以苗栗縣爲單一選區
2	何智輝（客）、徐成焜（客）、劉政鴻（閩）	1993～1996 席次增爲三席
3	徐成焜（客）、王素筠（外省）、陳文輝（閩）	1996～1999
4	劉政鴻（閩）、何智輝（客）、陳超明（閩）、徐成焜（客）	1999～2002 席次增爲四席
5	徐耀昌（客）、劉政鴻（閩）、何智輝（客）、杜文卿（閩）	2002～2005
6	劉政鴻（閩）、何智輝（客）、杜文卿（閩）、徐耀昌（客）	2005～2008

資料來源：本文整理。

---

[11] 國民黨苗栗縣第二屆立法委員候選人提名何智輝（客）、徐成焜（客）、劉政鴻（閩），第三屆提名徐成焜（客）、王素筠（外省）、劉政鴻（閩），第四屆、第五屆提名何智輝（客）、林久翔（客）、劉政鴻（閩），第六屆僅提名何智輝（客）、劉政鴻（閩），另一席是禮讓代表親民黨的徐耀昌（客）。

會議長的慣例。再就早期立委和省議員採多席次的複數多數決選制時，若當選席次為三席或以上，閩南人至少會有一席，頗有平衡族群政治生態的味道。

肆、立法委員單一選區兩票並立制的實證分析

選舉制度包括三個要素：（一）選票結構（ballot structure），係指以投票來表示其偏好的方式；（二）選區規模（district magnitude），係指選區範圍為單一或複數和應選席次是一席或多席；（三）選舉規則（electoral formula），可分為絕對多數決制、相對多數決制、比例代表制及半比例代表制等（Lijphart, 1994）。選舉制度的重要性在於它對政治體系的影響，如果選舉制度與政黨制度有相當程度的因果關係，那麼政黨制度就會關係著政府的組成如何、是否穩定，又，選舉制度對於政黨席次的比例性、政黨數目的多寡、政黨採取的策略、意識形態的多元、少數族群的代表等都有深遠的影響，進而左右選民、候選人及政黨的行為（施正鋒，1999；黃秀端，2001）。基此，本文聚焦討論2008年起立委選舉實施的單一選區兩票並立制變革，並從族群代表比例、選區劃分角力、政黨提名策略、投票結果分析等針對苗栗縣客家族群政治參與可能的影響來進行實證分析。

一、族群代表不比例性

2008年立委選舉制度變革對苗栗縣客家族群代表比例的影響主要有二：第一個最直接的影響就是立委席次減半，區域立委席次是依縣市選舉區人口數的比例來分配，而苗栗縣人口數僅54萬餘人，席次從三或四席減為二席，使得原本至少有2位客家籍立委的族群代理人，因選區劃為兩個單一選區，卻變為只有1位。又因全國不分區立委席次太少，像德國區域與不分區是1：1，臺灣則是2：1，僅三十四席，由於僧多粥少的情

況，政黨在提名不分區立委候選人之際，為獲得優勢族群政黨選票的支持，會優先考量將優勢族群偏好的候選人列進安全名單中，雖有提名客家籍候選人，但不是在安全名單內，代表苗栗和客家的聲音也就被忽略了，客家族群代表的比例性則顯弱勢。

第二就是改採單一選區相對多數決制，2008年以前立法委員和省議員的SNTV選制，在制度設計的精神與實際選舉的效果上，比較能反映出苗栗縣的族群結構和代表性。因為複數選區應選名額越多，比例代表性越佳（Taagepera and Shugart, 1989），而單一選區相對多數決易造成選票與席次間的不比例性。也就是說，單一選區兩票並立制較利於兩大黨，但可能會造成族群不比例性問題，而複數選區多席次讓小黨有生存空間，較可能讓族群代表不比例問題得以紓解。選舉制度改變勢必衝擊選區選民的投票選擇和偏好，連帶壓縮苗栗客家族群政治參與空間，以及影響符合族群結構的政治代表比例。從表1-5就不難發現，實施單一選區兩票並立制後，苗栗縣區域立委的族群政治代表是客家、閩南各一。不過，Lane and Ersson（2000）認為，造成不比例性並非只是選舉方式，實際上也會受到選區劃分、選票結構等因素影響。本文亦會針對這兩個因素做進一步分析討論。

表1-5　第七屆至第十屆立委選舉苗栗縣第一、二選區當選人族群身分

屆別	選區		任期
	第一選區	第二選區	
7	李乙廷（閩） 康世儒（閩）	徐耀昌（客）	2008～2012 李乙廷因賄選被撤銷資格，於2009年補選後由閩南籍康世儒遞補
8	陳超明（閩）	徐耀昌（客） 徐志榮（客）	2012～2016 徐耀昌當選第十七屆苗栗縣縣長，於2015年補選後由客家籍徐志榮遞補
9	陳超明（閩）	徐志榮（客）	2016～2020
10	陳超明（閩）	徐志榮（客）	2020～迄今

資料來源：本文整理。

二、選區劃分的族群與政黨角力

　　依據「公職人員選舉罷免法」第37條規定，立法委員選舉區由中央選舉委員會劃分。2008年立委改單一選區的選區劃分是由中選會訂定原則，交由地方縣市選舉委員會做劃分，再呈報中選會核定，是一套由下而上的劃分流程。雖有規定應斟酌行政區域、人口分布、地理環境、交通狀況、歷史淵源等原則來劃分，但因涉及政黨、派系及政治人物的利益，選區變更、劃分常常就是地方政治角力的場域。

　　選舉制度並非是真空中產生的，而是政治權力世界中，相互角力的政治團體、政治人物為求得生存，不斷地爭辯、鬥爭或妥協的結果，不過也反映著當地的政治生態（Taagepera and Shugart, 1989; Norris, 1995）。苗栗縣傳統的政治生態空間可分為三大區塊：山線、海線、中港溪流域，當要劃分為兩個單一選區時就衍生出爭端：選區要採南北劃分還是山海線劃分？若採南北劃分雖可顧及行政區域和人口數問題，但忽略山海線地理、歷史、族群、政治傳統的因素，尤其是傳統山海線客家與閩南的族群政治問題，因為人口數僅占三分之一的海線閩南人，被切割為南北兩個選區時，很有可能閩南人無法有一席立委，再加上部分縣議員選區會被劃分在不同立委選區，增加地方政治運作不必要的困擾。所以，苗栗縣選區劃分在中選會討論多次，國民黨、民進黨、親民黨等政黨都各有不同的看法，中選會在立法院審議時仍無法達成共識，最後是用抽籤的方式決定。

　　根據客家委員會2016年的全國客家人口調查，兩個選區的各鄉鎮市客家基本法所定義的客家人口比例，如表1-6所示。客家人口比例除海線的竹南、通霄、苑裡、後龍4個鎮低於35%外，其餘14個鄉鎮市客家人口比例均高於72%以上。因此，苗栗縣立委選區劃除地理環境、交通狀況、歷史淵源等因素外，族群人口、分布及族群政治關係是需要慎重評估和考量的。所以最終採山海線的劃分方式，不但避免了族群間的衝突，苗栗縣的客家人也讓人數居於少數的閩南人能夠擁有一席立委。不過，若採山海線劃分則出現兩個選區人口數差太多的問題，因為海線四鄉鎮人口只占全縣的三分之一（參見表1-6），勢必要將部分山線鄉鎮劃進海線選

區，但要劃入哪些山線鄉鎮，同樣也是相互角力和妥協的結果。

表1-6　苗栗縣各鄉鎮市人口數[12]及客家基本法定義之客家人口比例統計表

選區	鄉鎮市	人口數（人）	客家人口比例（%）
第一選區	竹南鎮	87,311	34.17
	後龍鎮	34,973	28.05
	通霄鎮	32,746	27.55
	苑裡鎮	44,445	24.81
	造橋鄉	12,104	**82.93**
	西湖鄉	6,650	**72.60**
	銅鑼鄉	17,065	**90.46**
	三義鄉	15,511	**76.06**
	小計	250,805	
第二選區	頭份市	104,797	79.04
	三灣鄉	6,279	87.03
	南庄鄉	9,452	79.15
	獅潭鄉	4,101	89.04
	頭屋鄉	10,142	91.11
	苗栗市	87,395	89.74
	公館鄉	32,167	88.96
	大湖鄉	13,725	89.87
	卓蘭鎮	16,026	78.81
	泰安鄉	5,698	74.43
	小計	289,782	
總計		540,587	64.27

資料來源：苗栗縣戶政服務網，https://mlhr.miaoli.gov.tw/tables2.php；客家委員會
　　　　（2017）105年度全國客家人口暨語言基礎資料調查研究；本文整理。

---

[12] 依據苗栗縣戶政服務網2021年1月統計的人口數，https://mlhr.miaoli.gov.tw/tables2.php。

　　當初提出了幾個方案：一是頭份納入海線選區，可是頭份又與三灣、南庄在縣議員選區是同一選區；頭份與竹南在政治傳統同屬中港溪，且人口總數約莫是通苑地區的2.5倍（參見表1-6），而這樣的人口比例不利於民進黨，因此被否決；另一是配合縣議員的選區，將靠近沿海的造橋、西湖、銅鑼、三義4個鄉鎮納入，盡量將影響降到最低，也是最終定案版。然而，民進黨原本堅持每個選區都要是9個鄉鎮[13]，希望將卓蘭鎮劃入海線選區，主要是因為山線的卓蘭鎮早期有參與黨外農民運動，歷來選舉也較傾向支持泛綠陣營，像2020年總統選舉，民進黨在苗栗縣只有竹南、通霄、苑裡、卓蘭4個鄉鎮得票高於國民黨，民進黨當然要將卓蘭劃入第一選區。但就地理空間來說，卓蘭屬內山地區，鄰近大湖和臺中東勢鎮，在縣議員的選區也與大湖、獅潭、泰安同一選區，而這有利於民進黨的「傑利蠑螈」（Gerrymandering）選區劃分方式，國、親兩黨則是不願樂見。

三、族群因素的政黨提名策略

　　誠如前述，國、民兩黨均認為單一選區兩票並立制對臺灣政黨政治影響甚鉅，同時也認為族群是苗栗縣選區劃分的重要因素，各政黨為求勝選，候選人的族群身分就會成為需要考慮的要項。依據表1-7所示，在第七屆至第九屆立委選舉，國民黨、民進黨提名第一選區候選人都是閩南籍，第二選區當然一定也是客家籍；以第九屆第二選區民進黨提名的候選人吳宜臻為例，吳宜臻是銅鑼人，若照「人親、土親、故鄉親」的選舉策略，吳宜臻理應代表民進黨參選第一選區，但因吳宜臻是客家籍，而杜文卿又是通苑地區民進黨的要角，即印證此一現實。不過，民進黨第十屆第一選區徵召三義客家人的羅貴星[14]參選，因民進黨評估第一選區為艱困選

---

[13] 苗栗縣有18個鄉鎮市，各9個鄉鎮才符合各半、平均的原則。

[14] 曾任第十九屆苗栗縣三義鄉鄉民代表、第十八屆苗栗縣議員、苗栗縣小英之友會秘書長，現任第十九屆苗栗縣議員。

區，在提名意見徵詢時，海線地區沒人表態，而多次參選的杜文卿也無意願，由客家籍候選人在海線選區競選雖引起黨內議論，但為拉攏客家鄉親選票也確實發揮一些功效，可是最後仍是閩南籍候選人當選。

表1-7　第七屆至第十屆立委選舉苗栗縣第一、二選區國民黨、民進黨提名候選人

		第七屆	第八屆	第九屆	第十屆
國民黨提名候選人	第一選區	李乙廷（閩）	陳超明（閩）	陳超明（閩）	陳超明（閩）
	第二選區	徐耀昌（客）	徐耀昌（客）	徐志榮（客）	徐志榮（客）
民進黨提名候選人	第一選區	杜文卿（閩）	杜文卿（閩）	杜文卿（閩）	羅貴星（客）
	第二選區	詹運喜（客）	楊長鎮（客）	吳宜臻（客）	徐定楨（客）

資料來源：本文整理。

四、族群與政黨是影響投票的因素

　　苗栗縣山線第二選區的10個鄉鎮市除泰安鄉外，其餘9個鄉鎮市客家人占絕對優勢，影響這個選區選舉結果的主要因素，除了候選人要具客家籍的身分背景外，政黨更是重要關鍵。長期以來，苗栗縣山線的客家鄉鎮市因受派系及政治利益團體壟斷政治資源的影響，多呈現藍大於綠的優勢。就2016年第二選區的投票結果來說，國民黨徐志榮獲得73,234票近五成的得票率，民進黨吳宜臻獲得65,465票約四成五的得票率，但吳宜臻除了在卓蘭得票高於徐志榮外，其餘9個鄉鎮市都輸，而2020年民進黨徐定楨更是10個鄉鎮市全敗。不難看出，國民黨在山線客家鄉鎮市的政治實力，以及民進黨缺乏耕耘和選情艱困的問題。

　　至於第一選區的投票結果，更可以觀察和比較閩南與客家鄉鎮選民的投票行為和政黨傾向。從表1-8可見，第七屆至第九屆民進黨候選人在通苑地區閩南族群較占優勢的鄉鎮得票都高於國民黨候選人，可是在竹南、後龍一樣是閩南的鄉鎮卻都輸，究其因可能與國民黨提名候選人李乙廷、

表1-8　第七屆至第十屆立委選舉苗栗縣第一選區各鄉鎮投開票結果統計表

	第七屆 (2008年)		第八屆 (2012)			第九屆 (2016)			第十屆 (2020)		
	杜文卿 民進黨	李乙廷 國民黨	杜文卿 民進黨	陳超明 國民黨	其他	杜文卿 民進黨	陳超明 國民黨	其他	羅貴星 民進黨	陳超明 國民黨	其他
竹南鎮	11,692 39%	18,118 61%	12,776 29%	28,467 65%	2,473 6%	8,778 21%	17,192 42%	15,237 37%	16,786 34%	24,271 50%	7,789 16%
後龍鎮	6,098 36%	10,715 64%	8,676 42%	11,276 54%	919 4%	7,149 39%	8,880 48%	2,527 13%	7,240 35%	10,732 52%	2,612 13%
通霄鎮	9,419 53%	8,477 47%	10,785 51%	9,602 45%	809 4%	9,449 50%	7,368 39%	2,149 11%	8,251 41%	9,268 46%	2,461 13%
苑裡鎮	12,542 60%	8,241 40%	15,121 57%	10,343 39%	1,066 4%	14,993 59%	7,516 30%	2,784 11%	12,122 45%	11,469 43%	3,392 12%
造橋鄉	1,609 26%	4,592 74%	2,068 26%	5,509 69%	372 4%	1,646 24%	3,369 49%	1,838 27%	2,533 33%	4,175 55%	880 12%
西湖鄉	1,211 30%	2,814 70%	1,112 24%	3,299 72%	181 4%	910 23%	2,435 62%	590 15%	1,400 33%	2,578 60%	302 7%
銅鑼鄉	2,156 26%	6,076 74%	2,847 26%	7,549 69%	544 5%	2,521 26%	4,937 52%	2,073 22%	3,850 36%	5,775 54%	1,073 10%
三義鄉	2,178 27%	5,784 73%	2,794 28%	6,857 68%	461 4%	2,391 26%	4,676 52%	1,986 22%	4,440 44%	4,886 48%	785 8%
合計	46,905 42%	64,817 58%	56,179 39%	82,902 57%	6,825 4%	47,837 36%	56,373 42%	29,148 22%	56,622 38%	73,154 49%	19,294 13%

資料來源：中央選舉委員會，本文整理。

陳超明都是竹南人，且當時縣長是後龍人的劉政鴻有關。值得注意的是，民進黨候選人在4個客家鄉鎮的得票率都不到三成，明顯與國民黨候選人的得票有落差。不過，第十屆民進黨徵召客家籍羅貴星參選，他在客家鄉鎮的得票比起前三屆確有增長，但在民進黨原本較具優勢的通苑地區得票也明顯減少，而這一消一長並未讓客家籍候選人取得有利的位置，似也呈現了客家人較支持客家籍候選人，閩南人較支持閩南籍候選人的族群賦權現象。投票結果亦顯示，第一選區4個客家鄉鎮票源的開拓，是民進黨可否翻盤的重要關鍵。

　　Duverger（1986）指出，選舉制度對選民投票選擇可能產生影響。單一選區中選民的策略投票為黨際間選票之轉移，在單一選區中如果有3個或3個以上政黨存在時，實力較弱的政黨為避免選票浪費，會將選票轉給兩大黨中他較不討厭的政黨，所以選票轉移是從一個政黨轉向另外一個政黨（黃秀端，2001）。以第一選區為例，像是李乙廷因賄選被撤銷資格，2009年補選由閩南籍曾任竹南鎮長的康世儒遞補，但康世儒於2012年禮讓同是竹南人的陳超明，2016年則代表國民黨參選，雖在竹南鎮的得票不錯，但仍只以兩成得票落選；還有2020年的朱哲成，其原為民進黨員，曾任吳宜臻國會辦公室助理，脫黨後加入臺灣民眾黨並代表民眾黨參選，得票也才一成左右。這結果呼應了杜瓦傑法則，有利大黨及既有政黨，較不利小黨或新興政黨（王業立，1999；林繼文，1999；龔意琇，2002；盛治仁，2006），而且誰取得國民黨提名當選的機率可能就比較高。

伍、結語

　　影響客家族群的政治參與有諸多因素，而且有些因素不必然與選舉有關聯性；但不可否認，選舉是客家族群政治權力競逐的制度安排，也是客家族群參與政治最直接和有效的方式之一。而選舉制度的變革對客家族群

政治參與的影響雖稱不上是一種定律或法則，但多少也呈現出一些可能性的結果（likely outcome），這結果對客家族群政治參與的不公平性和代表的不比例性影響較大。

現行立委席次有一百十三席，扣掉原住民立委六席，區域與不分區有一百零七席，依據「客家基本法」定義的臺灣客家族群人口比例為19.3%，依比例客家籍立委至少要有二十席，但實際上並沒有達到這個比例。這跟立委席次分配的不公平有關聯，區域立委席次是依各縣市的人口比例分配，客家族群除桃竹苗和六堆地區人口較集中外，其餘多散居各地，當客家族群在單一選區是少數者時，採行相對多數決就可能對他們不利，使得客家族群在區域立委席次不符其人口比例；就算是客家人口集中地區，亦因選區劃分被分割併入閩南族群較多的區域，較不利客家發揮選舉賦權的效用。或許可以比照德國席次分配，區域和不分區比為1：1，藉由提高不分區立委席次，以彌補單一選區相對多數決大黨或族群人口相對優勢才能當選的不足，並避免在不符人口比例的競爭下，壓縮客家族群透過選舉參與政治的管道和機會。

再就苗栗縣立委選舉案例的分析可以發現：選舉制度的選擇影響著地方政治的競合關係，而選舉制度的變革會影響苗栗縣客家族群政治參與的空間；苗栗縣立委選區的劃分，族群是重要因素，人口比例是重要原則，多數族群尊重少數族群是民主的機制。然而，在藍大於綠的苗栗政治板塊，尤其在客家鄉鎮市更為顯著，使得在選區規劃角力、政黨選舉策略上，突顯出政黨政治與族群政治間的擺盪，雖逐漸浮現政黨政治凌駕於上的態勢，但選舉制度與自身利益和客家族群集體利益相符合時，客家族群偏好程度會受到增強，閩南族群亦然。

最後，從公平性的族群政治參與角度來看，Lijphart（1994）認為，在社會結構同質、不存在重大爭議的國家，較適合使用「多數決制度」（majoritarian institutions），但在族群或宗教「多元分歧社會」（plural society），以多數決原則為基礎的民主制度將無法運作，而「權力分享制度」（power-sharing institutions）會更適合。防止多數決的「選票與

席次」不比例性，適時採用「共識決」（consensus）的民主機制，賦予少數族群政治代表權，以協商的方式儘可能取得多數的民意基礎，避免讓少數族群意見被排除在外，或許是建立公平的族群政治參與選項之一。

參考文獻

一、中文部分

王甫昌（2008）。族群政治議題在台灣民主化轉型中的角色。臺灣民主季刊，5
　　（2）：89-140。

王保鍵（2007）。立法委員單一選區與客家政治參與—兼述選區變更過程。國會月
　　刊，35（7），66-82。

王業立（1999）。比較選舉制度。臺北：五南。

吳乃德（1993）。國家認同與政黨支持：台灣政黨競爭的社會基礎。中央研院民族
　　學研究所集刊，74，33-61。

吳重禮（2002）。SNTV的省思：弊端肇因或是代罪羔羊？。問題與研究，41
　　（3），45-59。

吳重禮、李世宏（2005）。政治賦權、族群團體與政治參與：2001年縣市長選舉客
　　家族群的政治信任與投票參與。選舉研究，12（1），69-115。

吳重禮、崔曉倩（2010）。族群、賦權與選舉評價：2004年與2008年總統選舉省籍
　　差異的實證分析。臺灣民主季刊，7（4），137-182。

吳重禮、譚寅寅、李世宏（2003）。政治賦權、族群團體與政治參與2001年縣市長
　　選舉客家族群的政治信任與投票參與。選舉研究，12（1），69-115。

林繼文（1999）。單一選區兩票制與選舉制度改革。新世紀智庫論壇，6，69-79。

邵宗海、唐玉禮（2005）。臺灣地區的族群差異意識與政治參與。展望與探索，3
　　（10），53-73。

客家委員會（2017）。105年度全國客家人口暨語言基礎資料調查研究。新北：客
　　家委員會。

施正鋒（1999）。臺灣政治建構。臺北：前衛。

張世熒（2005）。選舉制度研究—制度與行為途徑。臺北：新文京開發。

張茂桂（1997）。臺灣的政治轉型與政治的「族群化」過程。載於施正鋒（編），
　　族群政治與政策，頁37-71。臺北：前衛。

盛治仁（2006）。單一選區兩票制對未來台灣政黨政治發展之可能影響探討。臺灣
　　民主季刊，3（2），63-86。

陳佳吉（2003）。臺灣的政黨競爭規範與民主鞏固。臺北：翰蘆。

黃秀端（2001）。單一選區與複數選區相對多數制下的選民策略投票。東吳政治學報，13，37-75。

蕭怡靖、黃紀（2010）。單一選區兩票制下的一致與分裂投票—2008年立法委員選舉的探討。臺灣民主季刊，7（3），1-43。

謝復生（1992）。政黨比例代表制。臺北：理論與政策雜誌社。

蘇子喬、王業立（2018）。憲政運作與選制改革：比較的觀點。臺北：五南。

龔意琇（2002）。單一選區兩票制：並立制與聯立制（補償制）之分析。財團法人國家政策研究基金會國政研究報告，憲政（析）091-054號。

二、外文部分

Cox, G. W. (1997). *Making Votes Count: Strategic Coordination in the World's Electoral Systems*. Cambridge: Cambridge University Press.

Duverger, M. (1986). Duverger's Law: Forty Years Later. In Grofman, B. and Lijphart, A. (Eds.), *Electoral Laws and Their Political Consequence* (pp. 69-84). New York: Agathon Press.

Farrell, D. M. (2001). *Electoral Systems: A Comparative Introduction*. New York: Palgrave.

Kate, R. S. (1980). *A Theory of Parties and Electoral Systems*. Baltimore: Johns Hopkins University Press.

Lane, J.-E. and Ersson, S. O. (2000). *The New Institutional Politics: Performance and Outcomes*. London: Routledge.

Lijphart, A. (1994). *Electoral Systems and Party Systems: A Study of Twenty-Seven Democracies, 1945-1990*. Oxford: Oxford University Press.

Norris, P. (1995). Introduction: The Politics of Electoral Reform. *International Political Science Review*, 16(1), pp. 3-8.

Taagepera, R. and Shugart, M. S. (1989). *Seats and Votes: The Effects and Determinants of Electoral Systems*. New Haven, CT: Yale University Press.

姜貞吟

壹、前言

　　這幾年臺灣女性參政的整體比例一直都有持續性的進步。首先，
2018年六都直轄市女性議員平均比例為35.79%，比2014年35.47%微幅進
步；2018年女性縣（市）議員平均比例為32.14%，則比2014年27.26%進
步許多[1]。再來，2020年第一位女總統連任成功，第十屆女性立委的比例
首度突破四成，從上屆38.05%成長至41.59%。跟世界各國國會議員的女
性比例相比，臺灣不僅排名前進為全球第16名，且同時也是亞洲國家議
會女性比例之冠[2]。然而，女性參政整體平均值的進步，容易讓大家忽略
各縣市與不同選區的女性參政比例依舊有不同的內部差異。事實上，在縣
市議員層級的選舉，至今仍有部分選區從未有女性登記參選，更遑論有女
性當選縣市議員。一般影響女性政治參與的要素，可從社會層面與政治層
面討論，除了參選者自身的政治資本積累、政治知識的培力、教育程度、
階級、職業之外，在政治制度設計部分，最常討論選舉制度的制定與安
排、選區大小與規模、選區結構與特性、應選席次、政黨提名、保障名額
制度等，這些也跟女性的參選行動與當選情況有關。

　　前述沒有女性參選的選區，幾乎多數為應選名額四席以下的選區，
也就是現行制度中沒有婦女保障名額的選區。學界對於婦女保障制度的討
論，大概可分為從檢視選舉結果，分析跟制度的關係，以及從民主制度與

---

[1]　中選會選舉資料庫，2019年12月10日，取自https://bit.ly/34oUXRs。
[2]　IPU Parline, Global Data on National Parliaments, 2020年1月20日，取自https://bit.ly/34Gp8DX。

法學角度分析等兩種途徑。早期臺灣尚有多個不同層級的選舉，因而當時學者檢視婦女保障名額在立法委員、省議員、國大代表、縣市議員等不同層級選舉的應用情形，羅列出這些不同選舉制度的婦女保障標準不一的情況（洪家殷，1996）。選區制度與選區規模也影響女性參選意願，楊婉瑩（2000a）指出「婦女保障名額與選舉制度的公式，對提升婦女參政機會有相當的補償性交互作用」。但在政黨提名與名額競爭的實際運作下，名額保障制度卻常反轉為「隱形天花板，成為政黨提名上限」（梁雙蓮、顧燕翎，1995）。然而，唐文慧、王怡君（1999）進一步比對選舉結果跟參選情況，發現在部分選區，「如果沒有制度保障，女性則連參選舞臺都沒有」。

　　近期研究中，莊文忠、鄭夙芬、林瓊珠（2012）分析了2001年到2010年立法委員、直轄市議員、縣市議員、鄉鎮市民代表等選舉資料，持續發現婦女保障名額制度跟選區內的女性參選關係密切。其中「以一席保障的誘因效果為最大，女性參選比例相較於無保障名額的選區增加近一倍」（莊文忠、林瓊珠、鄭夙芬與張鐙文，2018：30），若將婦保制度從四保一改為三保一的模擬，將有約50位女性議員當選，其中僅兩成需靠保障當選，顯示女性參政的實力漸增（鮑彤、莊文忠、林瓊珠，2014：130-131）。前述研究主要從選舉制度與選舉結果來探討婦女保障制度跟女性參政的關係，目前較為缺乏從參選者觀點出發的角度，分析參選行動跟制度保障、在地政治間的關係。因此，本文將探討在北部客家選區中，女性縣市議員參與選舉跟婦女保障名額制度的關係，包括參選者如何受到婦女保障制度的影響，以及參選者對婦女保障名額制度的看法，最後則以促進政治參與的性別比例均等為目標，討論婦女保障制度的安排對北部客家選區的建議與可能的影響。

貳、婦女保障名額制度的討論

　　不論臺灣或歐美國家，女性在政治領域的低度參與一直是長期且普遍的現象。Rainbow Murray（2010: 11）指出，因爲女性常被指派跟「私領域」的各種家庭照顧勞動連結，同時女性鮮少占據「公共領域」的社會位置，不僅無法積累豐富資源，也難以激發公共參與的意願。同時，一個國家的民主化程度、社會結構與文化情境等社會供給面，以及政治需求面的選舉制度設計等因素，也可能影響女性參與選舉代表不足（Darcy, Welch and Clark, 1994; Burns, Schlozman and Verba, 2001; Tremblay, 2008; IPU, 2010）。女性政治參與低比例的現象，促使歐洲爲主的國家在1970年代開始訂定性別配額措施來提拔女性政治人才，包括挪威、德國等國爲了培力女性的政治能量，推動政黨內部的性別配額措施。雖然後來法國、瑞典等其他國家也陸續採取規範政黨內的性別配額措施，但根據1997年IPU的資料顯示，女性在世界各國議會的比例僅占12%（Jones and Navia, 1999: 341）。

　　綜觀國際各種促進女性參與政治的性別配額的方式，至少可分爲三個層次：保留席次（reserved seats）、政黨配額（party quotas）、立法配額（legislative quotas）（Quotas Project, 2015; Krook, 2009）。莊文忠、鄭夙芬、林瓊珠（2012：17）整理這三種配額方式，進一步說明：第一種「保留席次主要常見於亞洲、非洲和中東地區的國家」，通常這些國家都透過修憲方式，在國會選舉將婦女當選名額或比例的規定寫入憲法。以憲法層次保障女性參政名額，雖也需考量選舉制度、選區規模等因素，但仍具有一定的保障比例效果。一般來說，採取這種方式的國家，國會女性議員的「比例通常1%至10%之間」（Krook, 2009: 7; IDEA, 2005）。

　　第二種政黨配額方式則從1970年代開始，歐陸國家的政黨陸續透過修正黨綱跟黨章，來促進女性參政的比例，例如挪威的社會主義左派政黨（Socialist Left），1975年開始採用40%的政黨性別配額政策。這個由政

黨對推動女性參選而定的自我規範，效應陸續擴散到其他西歐等國，例如德國、法國等。歐洲各政黨規定的性別保障比例約介於「25%到50%之間」，較為特別的是，對「任一性別」（each sex）的名額保障概念逐漸出現，而非早期僅對女性單一性別進行保障。第三種是透過立法配額的方式，直接在選舉法規、憲法修正等方式，規範政黨提名的女性候選人的比例。這種方式在1990年代的拉丁美洲等國常可見到，例如阿根廷（Jones and Navia, 1999: 341-342）就是當時首先採取配額法（law of quotas）的應用，使得在1980年代平均僅有4%的女性眾議員的當選比例，在1997年已經提升到27%。拉美國家這種立法配額方式，「適用於全國的所有政黨，一般規範女性候選人的比例約需占候選人名單上的25%至50%之間」（莊文忠、鄭夙芬、林瓊珠，2012：17；Jones, 1998; Krook, 2009: 8-9），因而採取這種配額法的國家，多能快速地增加女性當選的比例。

　　同時，聯合國也採取積極措施來改善締約國女性的低政治參與現象。聯合國於1979年通過「消除對婦女一切形式歧視公約」（CEDAW），並於1981年正式生效。CEDAW要求「各項國際公約的締約國有義務保證男女平等享有一切經濟、社會、文化、公民和政治權利」，並在第7條敘明為消除對女性的歧視，應保證女性在各式選舉、被選舉、公共政治參與等享有跟男性一樣平等的條件（全國法規資料庫，1979簽訂）。

　　許多國家逐漸採用保留席次、政黨配額、立法配額這三種性別配額方法，提高女性的政治代表跟促進女性政治參與，也開始有效提升國會跟地方選舉中的女性席次比例。根據IDEA, IPU與斯德哥爾摩大學出版的〈Atlas of Electoral Gender Quotas〉（2013: 16）報告指出，在全球118個國家或地區中，超過五成使用上述其中一種的性別配額制度。有60個國家或地區使用立法配額方式（結合保留席次、政黨配額一起使用），有36個國家或地區採用保留席次（小部分國家與立法配額搭配），並且在37個國家或地區，至少有一個政黨自願採取政黨配額來提高女性從政比例。此外，「也有將近五分之一以上的國家，是同時採用兩種配額措施」

（莊文忠、鄭夙芬、林瓊珠，2012：18）。

　　如此積極的措施，使得女性從政的比例快速提升，截至2013年，女性占全球議員的21%，高於1998年13%、2003年15%（IDEA, IPU, Stockholm University, 2013: 15）。到了2015年，Quotas Project整理的Global Database of Quotas for Women Project （2015），也顯示推動性別配額制度對女性從政的積極效果。有採用性別配額制度的國家或地區「平均女性國會議員比例是22.69%，以歐洲和大洋洲國家最高，達24.6%左右，其次是非洲國家的23.01%，亞洲最低，平均比例是19.90%」（莊文忠、鄭夙芬、林瓊珠，2012：18）。

　　至於臺灣現階段的女性從政比例，以立法委員層級的選舉比例最高，同時也產生不少知名的女性政治人物，但女性從政整體比例依舊未臻理想，在不同層級的選舉各有不同的困境。要在政治場域鼓勵女性參與選舉，黃長玲（2001：73）分析，至少可在以下四個面向採取性別配額制度（也可是婦女保障或性別比例原則）：「政務官的任命、民意代表的當選、政黨對民意代表的提名、政黨黨職的任命」。在這四個面向中，只有民意代表的選舉受到憲法與選舉相關法律規範，其餘三個面向能否提高女性政治代表比例，皆與政黨、政黨政策、選舉制度、政治意志等承諾有關。我國民意代表選舉中的婦女保障，分為中央層級民意代表與地方層級民意代表選舉兩種，以下先說明兩個民意代表選舉規定的變革，再進行此一制度理論上的辯論與施行效果的探討。

一、中央層級的民意代表選舉規定

　　我國婦女名額保障制度的施行，始於1947年憲法對選舉、罷免、創制、複決相關規定，其中第134條明定「各種選舉，應規定婦女當選名額，其辦法以法律定之」（全國法規資料庫，1947公布）。此時，婦女保障名額適用對象主要以婦女團體代表為主（姜貞吟，2009：282）。我國婦保名額的規定，分為中央層級與地方層級的民意代表選舉兩種。立

法委員選舉部分，1991年憲法第一次增修條文，修訂為自由地區每省、直轄市選出之名額及僑居、全國不分區各政黨當選之名額，在5人以上10人以下者，應有婦女當選名額1人，超過10人者，每滿10人應增婦女當選名額1人（總統府，2017）。2005年憲法第七次增修，根據增修條文第4條第1項、第2項規定，立法委員的名額自第七屆起減為一百十三席，並改採單一選區兩票制，全國不分區及僑居立委依政黨名單投票選舉之，由獲得百分之五以上政黨選舉票之政黨依得票比率選出之。各政黨當選名單中，婦女不得低於二分之一（全國法規資料庫，2005修正）。進一步詳細法律訂於公職人員選舉罷免法第67條，規定全國不分區與僑居海外立委的政黨當選名額，婦女不得低於二分之一比例（立法院，2007修正）。

二、地方層級的民意代表選舉規定

地方層級的民意代表選舉有關婦女名額保障部分，在1999年修正的地方制度法第33條提高到四分之一：「各選舉區選出之直轄市議員、縣（市）議員、鄉（鎮、市）民代表名額達四人者，應有婦女當選名額一人；超過四人者，每增加四人增一人」「直轄市選出之原住民名額在四人以上者，應有婦女當選名額；縣（市）選出之山地原住民、平地原住民名額在四人以上者，應有婦女當選名額」（立法院，1999修正）。而原住民選區的劃分又有所不同，地方制度法乃於2010年進行細部修正：「各選舉區選出之直轄市議員、縣（市）議員、鄉（鎮、市）民代表名額達四人者，應有婦女當選名額一人；超過四人者，每增加四人增一人」「直轄市、縣（市）選出之山地原住民、平地原住民名額在四人以上者，應有婦女當選名額；超過四人者，每增加四人增一人。鄉（鎮、市）選出之平地原住民名額在四人以上者，應有婦女當選名額；超過四人者，每增加四人增一人」（立法院，2010修正）。

三、理論探討與矯正機制的功效

　　整體來說，婦女保障名額的探討大約分為兩種研究途徑，一種途徑多為從制度安排對女性參選的影響來探討婦女保障名額的應用情況，特別是通過歷屆選舉的應選、參選與當選結果來實際驗證，此種多數採肯定或呈現保留的態度；另外一種途徑多從民主制度、法學角度等，此種多數較為反對與批判。由於不同層級民意代表的選舉、不同選舉制度的設計，以及社會性別意識發展狀態的差異，學界研究對於婦女保障制度的評斷各有不同。婦女名額保障的相關研究成果，多以當時的選舉作為研究標的進行分析。1990年代時，臺灣學界對婦女保障制度的探討，不少都抱持偏保留與質疑的態度。早期，我國尚有國大代表與省議員等選舉，故當時婦女保障制度的探討多是以國大代表、省議員、立委與縣市議員等各級公職人員選舉進行比較。梁雙蓮、顧燕翎（1995：101、111）分析1991年至1994年的各級公職人員女性當選人數與保障席次，發現當時不論是國大代表、省議員、立委與縣市議員等各級民意代表女性當選人數已超過保障名額，其中多位女性在選區都獲得第一高或第二高票。也因當時女性參與選舉人數不多，婦女名額制度的採用，常成為政黨提名時的隱形天花板，難以充分反映女性參與政治的實況。

　　同樣比較第三屆國大代表、第三屆立法委員、1994年臺灣省議會、臺北市議員及高雄市議員等不同層級選舉，洪家殷（1996）注意到「政策規範的一致性與適用性的問題」，對婦保制度採取較為保留的態度。他指出政府制定選舉相關規定時，沒有一致適用的標準，形成不同的選舉有不同的保障比例與規定，使得婦女保障名額在這幾個選舉中發揮的作用跟效果不佳，難以清楚釐清制度設計的功效。又如Chou（1990: 95）雖肯定婦保名額制度對臺灣女性參政的貢獻，但在分析婦保名額在中央與地方層級選舉的應用情形後，他們同時提出觀察結論：就理論層次，婦保名額實為保障女性在選舉政治上的最低席次，但在政黨政治與提名策略運作之下，已經讓下限（floor）翻轉成為上限（ceiling），不但政黨提名女性

比例低，且女性的參選率也依舊不高（楊婉瑩，2000b：79）。此一婦女保障制度的設計，在1990年代的選舉應用中，女性參與政治事務並不普遍、參選意願也不踴躍，以及政黨提名的不友善，是當時相當普遍的情形。

　　事實上，就以臺灣選舉制度設計來說，立委選舉與縣市議員選舉早期都採「複數選區單記不可讓渡投票制」（SNTV），選區候選人的當選與否依得票相對多數高低決定，為相對多數決的規則。理論上，「複數選區單記不可讓渡投票制」的選區規模若夠大，則小黨或多元群體的代表，比起單一選區選制的贏者全拿原則，都可能有較多的當選機會，具有半比例代表性的特質（Lijphart, 1984; Rule, 1987）。但是臺灣立委選舉制度，在2005年未修改憲法保障政黨比例代表制之前，婦女保障名額的實施配合SNTV選制，早已碰到瓶頸。首先，在部分選區，婦女保障制度成為政黨提名的上限，女性無法獲得政黨提名，降低獲取參選資源與選民的認可。再來，部分選區的劃分過小，使得在當選席次太少的選區也無法產生婦女保障名額，難以突破選區內沒有女性參政的現況。最後，SNTV制也不見得對女性參政有利，學者評估SNTV的制度類似簡單多數決，即便政黨願意提名女性參選，但當選民僅有一票可投，在主觀意願上，「比較不願意投給女性候選人」（楊婉瑩，2000a：73），「對於支持女性候選人較為猶豫」（黃長玲，2001：79）。

　　婦女保障名額下限變成上限的情形，在2005年立委選制改為「單一選區兩票制」（single-district two-votes system）後，情況已逐漸改善。「單一選區兩票制」結合比例代表制與多數代表制，選民需投兩種票，一票給候選人，另一票給政黨。在政黨票制度設計上，改採性別比例原則取代舊制的婦女保障名額，鼓勵政黨培力女性政治人才。而在選區分區制度部分，僅為單一席次且無保障名額，固已不會再發生提名上下限的情況。此時，選區內女性參選的影響因素，則是以候選人之間的競爭，以及政治資本的培力能否獲得政黨提名為主。近期臺灣女性立委席次跟比例快速增加，自2008年第七屆至2020年第十屆持續明顯增加，女性立委比例於

2008年增至30.09%，2012年33.63%，2016年第九屆達到38.05%，2020年第十屆持續成長至41.59%，首度突破四成。選舉制度的改變，使得婦女保障在中央層級民意代表選舉的規定，轉為政黨提名的性別比例原則。就以比例增加趨勢來看，增加的可能原因除了跟性別比例原則施行有關，也可能是前述的女性政治知識效能提高等社會供給面的影響。

　　而在地方層級的縣市議員選舉制度，至今仍採「複數選區單記不可讓渡投票制」而未進行選制修正，因此婦女保障名額為選區內每4人保1人。近幾屆縣市議員選舉，已有不少縣市超過30%的女性參政臨界比例，但這往往是平均後的結果[3]。由於地方層級選舉的選區隨人口數變化，加上在地特定的政治勢力、社會性別文化等因素，使得選區內女性參選與當選的情況較為複雜，情況會隨不同縣市與不同選區而有不同的情況。較明顯可觀察出的現象為：在規模較大的選區，應選名額多，加上社會普遍已接受女性候選人，政黨現在對於提名女性已較無下限變上限的情形，有些選區的女性當選人甚至多過於男性當選人，但這相對較少發生。然而在部分鄉鎮形成的小選區中，至今尚有選區沒有女性參選也無女性當選縣議員的情況。在無女性參選當選的選區，通常就是選區劃分太小形成的制度性困境，應選名額低於婦女保障的四保一席之下，加上在地長期的地方政治發展與脈絡多數由男性參與跟主導，形成保守封閉的政治網絡，因此常發生沒有女性參選者登記參選，而不是上限跟下限的問題。

　　近年來，學界對婦女保障制度的相關研究更形細緻化趨向。楊婉瑩（2000a）對1990年代婦女保障制度在八個各級民意代表選舉中運作的情形作一總體回顧，她指出在中央級民意代表的選舉，婦女保障名額幾乎已無存在的實質功效與意義，但是對地方選舉如縣議員等，仍有女性以婦女保障名額取得席次，強調在地方選舉的部分仍有推動性效果，對臺灣婦女

---

[3]　根據中選會網站選舉資料庫公布資料：2018年直轄市與縣市議員選舉，女性當選比例未達30%的為臺中27.69%、南投29.73%、宜蘭26.47%、澎湖26.32%、基隆29.03%、金門21.05%、連江11.11%。2014年直轄市與縣市議員選舉，女性當選比例未達30%的為新竹縣22.22%、雲林23.26%、嘉義27.03%、屏東29.09%、宜蘭14.71%、臺東23.33%、澎湖15.79%、基隆22.58%、新竹市24.24%、金門26.32%、連江11.11%。

參政具有持續性與決定性的影響力。莊文忠、鄭夙芬與林瓊珠（2012）分析了我國各級選舉制度之婦保名額運用之情形，亦可看出婦保名額在不同選舉層級與地方區域的整體差異。該統計包括的地方選舉有立法委員、直轄市議員、縣市議員以及鄉鎮市民代表等選舉，從研究報告可見，不論是哪一個區域或縣市，只要是2002年、2006年、2010年合併計算縣市議員跟鄉鎮市民代表選舉，婦女名額數字就會增加許多，顯現婦保名額在鄉鎮市民代表選舉中對女性參政保障依舊有用，對培力在地女性參與公共事務具有價值。姜貞吟（2016）分析桃竹苗縣議員選舉，指出桃竹苗地區女性所處的是客家宗親政治盛行的地方政治生態，在九個應當選人數未達四席的鄉鎮選區，既沒婦保名額的保障，也不見任何女性出來參選。總結來說，制度性的矯正設計對於鼓勵女性進入政治領域的功效，在基層選舉與選區越小的地區，依舊具有相當效用。

婦女保障制度的功效究竟為何？莊文忠、林瓊珠、鄭夙芬與張鐙文（2018：30）運用2000年到2010年縣市議員選舉資料，發現「隨著婦保名額的增加，女性參選比例的確顯著提高」，其中又「以一席保障名額的誘因效果為最大」。且在控制其他變數後，婦女保障名額的確是兩大政黨提名女性候選人最主要的考慮因素，而無黨籍女性的參選意願也跟此一制度顯著相關，是故「仍有鼓勵政黨重視培養女性政治人才的效果，似乎仍不宜輕言廢除」（同上引，23）。

特別是「婦女保障名額制度的確影響政黨的提名策略」，名額數量的多寡促使政黨調整提名機制與選舉策略，讓總體當選人數最大化，而且當候選人與當選人的性別比例很相近時，表示女性候選人都是在地有政治實力的人，表示此一制度的效果「不僅只是有較多女性參與選舉而已，而是促進更多強而有力的女性政治人物的出現」（鮑彤、莊文忠、林瓊珠，2014：133-134）。鮑彤、莊文忠、林瓊珠（2014）發現若將婦女保障名額從四保一改為三保一，從模擬的選制變革可發現，「將會多當選49.36位女性議員，而有近八成的女性是靠實力當選，而非保障條款所致」。綜觀前述研究成果，婦女保障名額激勵政黨提名更多女性候選人，但不論在

直轄市或縣市議員的選舉，女性參選與當選比例跟男性相比依舊較低，整體社會、經濟與文化等面向對女性參政的不友善，也是阻礙女性走向公共場域的結構要素（楊婉瑩，2019）。

另外一種對婦女保障制度採批判的探討，則是從法學與平等的價值，對婦女保障制度提出質疑。蔡宗珍（1997：5）指出，此種預先保留的婦女保障制度，「從憲法法學角度來說，……顯示在民意代表選舉上，採取差別待遇，而此差別待遇是以『性別』作為基準」。差別待遇易讓選民質疑女性參政的能力，同時也懷疑女性問政的品質與能力。蔡宗珍（1997：7）進一步質疑，保障少數特定的女性是否能促進女性整體福祉，也是有待商榷的做法。她肯定增加女性當選者的數量、培力女性政治能力，以及致力於結構性的改革是當務之急，但是婦保名額並非是解決前述困境的好方法，這種對女性代表的保留形式，會不會是一種「以『整體』女性所受到的不平等待遇，卻讓『特定』的女性受到保障名額優惠的特權待遇」。

從民主政治的理論與政策角度討論婦保名額的還有黃長玲（2001：72），她指出雖然描述性代表（descriptive representation）遭遇了許多批評，但為了要改善長期發展所造成的優勢社會群體與弱勢群體之間的不平等，「描述性代表被視為是重要的矯正機制」。描述性代表在兩個層次上對民主發展有實質的助益，「一是增加弱勢群體的政治參與，另一是促使議員能更有效地代表弱勢群體的利益」。而不論是婦保名額或性別比例原則（gender quota）正是此種階段性的矯正機制的落實（姜貞吟，2013）。民主政治理論預設人人自由平等，其實長期忽略由「個人所具備的社會群體身分，對公民權實踐的影響」，所形成在參與政治與各種場域中的資本弱勢（黃長玲，2012：110）。她（2001：80）主張應以「性別比例原則取代婦女保障名額」，讓制度重點著重在「性別均勢與性別正義上，而非將女性視為需要保護的弱者」。

不論是從婦女保障名額的實際應用情況驗證途徑，或是從民主制度與法學角度途徑的分析，目前對婦女保障名額制度的探討還缺少了在地結構

脈絡的補充，亦即甚少從參選者與在地出發，探討在地女性參選時跟婦女保障名額的關係脈絡，以及婦保制度安排如何／是否影響在地女性的參選行動，參選者如何理解與看待婦女保障名額制度，這也是先前研究尚未探討的社會層面，正是本文主要的研究問題。本文以北部客家選區為例，探討在地女性參選與婦女保障制度的關係，婦女保障制度對其參選的影響為何？同時了解參選者對婦女保障名額制度的相關態度與看法，進一步探討制度安排對北部客家選區的影響。

參、田野資料與研究方法

本文主要研究問題在於了解北部客家選區內，婦女保障名額制度如何影響女性參選者的參選行動，探討層面包括女性參選者所處的地方政治脈絡、性別政治文化等結構如何影響參選者的政治參與，以及她們的參選與婦女保障名額的關係，此一制度如何影響她們參選等[4]。本文主要採用資料是2012年至2014年與2019年間執行的兩項科技部計畫[5]所蒐集到的部分訪談與田野資料，同時，在兩個計畫期間筆者依舊進行女性政治參與等相關研究與觀察，因而本文也會參考筆者其他研究計畫所持續蒐集到的田野資料與觀察。

在研究方法上，分別從文獻分析、相關新聞報導、中央選舉委員會選舉相關法規與選舉公告、相關人士訪談進行資料的蒐集。研究資料來源主要有三部分：第一部分是參選者的參選與當選資訊，來自中央選舉委員會網站提供之選舉資料庫中歷屆選舉的資料[6]。第二部分則是筆者長期蒐集

---

[4] 本文主要探討婦女名額保障制度安排與女性參選之間的關係，包括保障制度是否鼓勵在地女性參選、在地女性無法／不願意／不敢參選的可能困境，以及參選者對制度安排的看法等。

[5] 本文部分研究經費來自「臺灣女性參政的結構影響要素：以地方層級選舉為主的探討」（101-2410-H-008-037-MY2）、「族群、性別與政治參與：客家與原住民婦女保障制度的在地分析」（108-2420-H-008-007-MY2）。本文部分研究成果也曾發表在姜貞吟（2013），「臺灣女性在客家群居縣市參與地方政治之初探」一文。

[6] 本文縣市議員之各項統計之計算，以選舉前向中央選舉委員會登記參選者與選舉後之該次選舉當選公告為主，事後因故公告遞補者與去職者不計入。

的新聞雜誌、媒體資料庫等，對參選者、選舉分析的報導紀錄資料。第三部分的訪談資料為2013年與2019年間，對桃園市、新竹縣與苗栗縣三縣市議員與地方仕紳所進行的半結構式訪談。

　　桃竹苗等地是客家族群北部的主要聚居區，本文受訪者樣本的選取以該選舉選區與客委會公告之客家重點文化發展區重疊選區內的縣市議員參選人為主（詳見附錄一），同時也訪談鄰近兩個非客家選區的參選者，以呈現選區在地政治文化的可能差異。桃園市、新竹縣與苗栗縣的客家重點文化發展區跟選區重疊分別有12個、10個與6個，共計28個選區。受訪者的選取，每個選區以1位至2位參選者為主，部分選區因候選人數少，僅訪談1位。特別是應選四席以下的選區，則以當選者為主，並同時訪談有意願參選但未參選的女性受訪者。受訪對象選取方式，以女性參選者、不同政黨代表、當選者為優先，若有拒絕訪談者或近期不便訪談者，再更換性別、依序挑選，部分選區訪談未當選者。訪談時間多為1至2小時之間。此外，本屆市議員參選者不方便訪談或委婉拒絕者共有9位，分別是1位男性與8位女性，其中7位為研究期間的現任議員，2位落選者。

　　本文共訪談曾參與縣市議員選舉參選者23位與4位熟悉地方政治事務者，共27位（詳見表2-1）。23位曾參選過縣市議員選舉者（18女、5男）中，2018年有20位持續或首度參選縣市議員選舉、2位參選其他層級選舉、1位在市政府工作。20位參選者中有14人當選。4位熟悉地方政治事務者，T16H曾任民代，現為里長；T19H曾任鎮代，也曾在市政府工作過，現為議員服務處主任；T20H曾任政黨幹部與市政府員工，現退休；T17為宗親會成員。其中有7位女性議員（T01、T07H、T16H、M02H、M03H、S01H、S04H）表明首次參選，是因選區至少有一個婦女保障名額才參選，但當選皆非靠保障當選，其中僅有1位在參選時曾因保障當選。每位受訪時皆被詢問關於在地政治與對婦女保障名額的看法，若曾有參選經驗者，則會詢問其參選歷程。18位受訪女議員中冠夫姓有5位。編號代碼有H者，表示其所在選區為客家重點文化區。另外，臺灣縣市議員選舉的小選區沒有女性參選情況非常普遍，每個縣市的在地政治情況可能

因在地微政治、族群、階級、性別等因素而有所不同，即使是相同的社會現象，但背後形成原因也可能有所不同[7]。本文僅以北部桃竹苗縣市客家選區爲研究對象，探討在地選區的女性參政跟婦女保障名額制度的關係，因此本文研究結果不一定適用解釋其他沒有女性參選縣市（例如臺南、宜蘭、花蓮等）的類似情況，也無法適用其他層級的選舉。

表2-1　受訪者相關資訊

代稱	現職	性別	訪談時間	訪談日期	2018年參選直轄市、縣（市）議員	經歷
T01	現任議員	女	1.5	2013年8月15日	V	多屆議員
T02H	現任議員	女	2	2013年8月20日	V	多屆議員
T03	現任議員	女	2	2019年4月19日	V	市代、多屆議員
T04	現任議員	女	1	2019年4月25日	V	多屆議員
T05	現任議員	女	1.5	2019年4月30日	V	黨代表
T06H	現任議員	女	1.5	2019年6月17日	V	曾任媒體、教育
T07H	私人企業	女	2	2019年6月21日	V	曾任議員
T08H	服務處	女	1.5 2	2019年6月25日 2019年7月4日	V	曾任議員、教育
T09H	服務處	女	2	2019年6月27日	V	曾任基層民代
T10H	教育	女	2	2019年8月16日	V	教育
T11H	現任議員	男	1.5	2019年6月26日	V	黨代表、立委助理
T12H	現任議員	男	1.5	2019年6月26日	V	鄉代、多屆議員

[7] 臺中、臺南、宜蘭、高雄、花蓮、嘉義、臺東、澎湖、連江縣等縣市也有選區沒有女性當選，多數選區爲應選名額不到4名的小選區，例如2014年的臺南：03選區（學甲、將軍、北門）、06選區（善化、安定）、07選區（大內、新化、山上）、08選區（玉井、楠西、南化、左鎮）。高雄：01選區（旗山、美濃、六龜、甲仙、內門、茂林、桃源、那瑪夏）。宜蘭：02選區（頭城）、03選區（礁溪）、04選區（員山）、05選區（壯圍）、07選區（五結）、09選區（三星、大同）、10選區（蘇澳、南澳）。2018年臺南：03選區（麻豆、六甲、下營、官田、大內）、04選區（玉井、南化、楠西、左鎮）。高雄：01選區（桃源、那瑪夏、甲仙、六龜、杉林、內門、旗山、美濃、茂林）。宜蘭：02選區（頭城）、03選區（礁溪）、04選區（員山）、05選區（壯圍）、09選區（三星、大同）等等。

表2-1　受訪者相關資訊（續）

代稱	現職	性別	訪談時間	訪談日期	2018年參選直轄市、縣（市）議員	經歷
T13H	現任議員	男	1	2019年7月3日	V	鄉代、多屆議員
T14H	服務處	男	1.5 1	2019年7月2日 2019年7月3日	V	黨代表、多屆議員
T15H	私人企業	男	2	2019年7月4日	V	曾任議員、地方首長
T16H	里長	女	2	2019年7月5日		曾任市代
T17	地方仕紳	女	1	2019年4月25日		宗親會、社團會員
T18H	公職	女	2.5	2019年7月13日		曾任議員、地方首長
T19H	服務處主任	男	2 3	2019年6月26日 2019年8月10日		曾任鄉鎮代、市府員工
T20H	地方仕紳	男	3	2019年5月14日		曾任政黨幹部、市府員工
S01H	現任議員	女	2	2013年8月15日	V	多屆議員
S02H	政黨副主席	女	1	2013年9月25日	參選其他層級選舉	曾任議員、立委
S03H	現任議員	女	3	2019年7月19日	V	科技業
S04H	現任議員	女	3	2019年7月19日	V	多屆議員
M01H	現任議員	女	1	2013年8月14日	V	鎮代、多屆議員
M02H	現任議員	女	1	2013年8月20日	V	多屆議員
M03H	服務處	女	1	2013年8月23日	參選其他層級選舉	多屆議員

說明：多數受訪者目前還正活躍於政治場域，為保護受訪者資訊，本表不顯示進一步受訪者相關資訊，包括參選過哪幾次選舉或詳細現職職位。現職標示為「服務處」者，代表該名受訪者若有參與2018年選舉則未當選，至本文完稿階段，還正持續參加在地選舉事務，包括2020年總統選舉與立委選舉相關輔佐工作。

肆、參選與婦女保障制度

一、名額制度影響參選行動

　　長期以來女性對政治不感興趣的形成原因相當多重，可能跟資源能力的差異有關（Burns, Schlozman and Verba, 2001），也可能跟「低政治涉入感」有關（楊婉瑩，2007），制度上的現任者優勢（Darcy, Welch and Clark, 1994）雖不一定是影響主因，但若與其他因素結合，也可能抑制在地的新人參選。莊文忠、林瓊珠、鄭夙芬與張鐙文（2018）運用實證資料指出，婦女保障制度設計有助於提高女性參選意願和當選機會，也激勵政黨提名更多的女性參選人。本文受訪女議員有7位表示她們的參選行動跟該選區至少會有一席婦女保障名額有關，分別是T01、T07H、T16H、M02H、M03H、S01H、S04H，但最後她們的得票與當選都未靠保障，其中僅有1位曾因婦女名額當選。

　　與美國、日本的國會議員相比，早期臺灣選舉的參選者常有政治資歷越級的現象，部分參選者所具備的「政治家庭背景與特定政治勢力的支持，得以迴避地方選舉的考驗，跳級參選中央層級選舉」，這個情況在男女性參選者都可見到（姜貞吟，2011）。而在地方層級的民意代表參選，則較常觀察到民意代表在政治資歷的層層積累，首先從鄉鎮市代表開始，部分會挑戰鄉鎮市長選舉，等政治階層逐一積累再晉級參選縣市議員層級選舉，再來則是挑戰立委層級選舉。在鄉鎮間的選舉，常受政黨勢力或在地政治勢力的影響，這兩股勢力經常是在地參選人才庫（pool of candidates）的培力單位，參選人才能否參選常與這兩股勢力的安排與認可有關。

　　首先，婦女保障名額的應用也常是政黨競爭關係下，政黨需推出女性參選人的重要動機。T07H曾歷經多屆選舉，是相當資深的議員，率性的她直言當初政黨透過管道找到她，就是要對抗敵對政黨的另一位女性議員，她說：

　　那我那個時候呢就是，○○黨那個時候就希望能夠找一個人出來，就是那個時候已經有當選一個婦女名額XXX，是△△黨的。他們就希望說能夠找一個人出來跟她抗衡，她是靠婦女保障名額當選的。所以我從決定到參選大概不到三個月的時間。

　　婦保名額促使政黨尋找與培力可參選的在地女性人才，政黨競合不可能將穩當的一席禮讓敵對的政黨，尤其是在極大化政黨在地席次的考量下，若搭配配票策略的運用，除了有一席婦保名額之外，也可能增加另一席的當選機會，擴大政黨在當地的影響力版圖。資深議員S04H多年前首度參選的選區是由兩個鄉鎮組成，但政黨在考量兩個鄉鎮政治人才的席次平衡問題後，就透過當鄉代表的先生找到S04H，勸她參選，她說：

　　那時候○○黨覺得我們鄉應該要比隔壁鄉應該要更多人嘛，那時候XXX不是真的代表○○黨，她是掛個黨名而已，所以我們鄉一直要找一個女性議員來跟XXX選，我很實話地講這個東西。……對，政黨想要找人找女性，其實就是真的因為有一席。那一席落到隔壁鄉的話，她只要一票就當選了，她一票當選，是不是可以再拱一個人出來選？那我這邊就缺了一個議員。……所以其實有平衡的考量。
　　那時候一開始找不到，我先生那時候是代表。因為沒有人選，不得已，黨找上了我們，然後找上我先生，就跟我們商量。前面還有找過別人，沒人要選，其實我是第三個人選。

　　再來，婦女保障名額制度除了刺激政黨競爭推出女性參選者之外，同時也會促進在地政治勢力／家庭培力女性，將參選的棒子從家族男性交到女性身上，這也可能是促成在地選舉常出現媳婦代表夫家參選的因素之一。同是多屆資深議員T01的參選，既是政黨考量，也是在地政治家族／勢力的人才交棒，婦女保障名額除了成為政黨良性競爭互推女性參選人，培力女性的政治參與之外，也讓政治家庭／勢力願意或不得不推出女性參

選者，T01表示：

　　我們選區的市民代表原先就有一個女性代表，那如果說沒有跟她競爭的話，她就是一票當選。那這樣子的話，妳如果說這時政黨又推派男性出來跟那個女性競爭，那就是很吃力了，變成說整個票源通通都會跑到另一個黨派那邊去了，所以說，我們會推女性來跟女性選的原因是在這個地方。

　　對，這席代表原本是我○○（家人）在當，他跳去選議員，就要我接棒。後來，我當了幾屆代表之後，也出來選議員。

　　因婦女保障名額被家族推出參選的還有M03H，M03H的原生家庭網絡中也有知名的男性政治人物親屬，但她婚前並未代表原生家庭參加相關選舉，她的參選行動是從夫家開始，她說：

　　就因為婦女保障名額的關係，所以投入鎮民代表選舉。對，因為那時候認為說婦女保障名額比較不用衝到那麼多票，所以比較沒有任何的壓力所在，所以那時候是用婦女保障的名額去選，但是那時候選得滿高票的，有其他女性代表也選上了喔，我的票是衝在前面的齁。……所以，因為是先生（政治家族）這邊光環啦，因為公公本身就是有奠下一個很好的基礎。

　　參政脈絡類同的M02H也是獲得在地既有政治勢力的推薦與支持下，跟另一位女性鄉民代表競選婦女保障名額，才開始政治參與，M02H表示：

　　就是跟我們同村的一個代表，他選議員選上了，就鼓勵我出來選鄉民代表，就由我去遞補。……對！啊我就把一個女的代表把她擠下來啦。因為我們那邊有一席婦女保障齁！其實我沒靠保障上去，我的票比男孩子還

高啦。

　　不論是政黨或政治家族、政治勢力，都因婦女保障制度設計而調整參選人選的推出，T01、T07H、T16H、M02H、M03H、S01H、S04H都因選區有一席婦女保障名額而投入選舉。此外，T01、M03H、S01H、S04H還有一個共同特性，她們夫家要不是在地悠久的政治家族，就是才剛起步的政治家庭，這些女性的接棒參選，讓其他家庭成員可參與不同層級選舉，都有擴大政治勢力版圖之意。此一現象的出現可帶出新的研究提問待探討，包括在地婦女保障名額的應用與在地政治勢力的關係為何，以及女性政治人物在原生家庭與政治家庭之間的關係探討，都會有助於我們更加理解臺灣女性參與政治所處的社會文化結構。此外，除了T07H直接參選縣議員之外，前述5位女議員的參選途徑都從鄉鎮市代表的婦女保障名額開始，等積累足夠政治資本（political capital）後才挑戰當地的縣市議員選舉，特別是當她們所要參選的縣市議員選舉選區應選名額未達保障的四席之一時，突破在地既有的政治版圖更顯困難。

二、難以挑戰現任者優勢

　　小選區人口數少，大多為保守變動少的風氣，既有席次通常有著多重的現任優勢（incumbency advantage），包括跟選民關係網絡的建立與維繫、選民服務的積累、對當地發展與當地議題事件的熟稔等，都讓其他參選者望之卻步。雖然公民達法定年齡後，不分男女都可成為合格的參選人，若有政治相關培力歷程也可能進入參選人才庫，但挑戰現任者的主場優勢，卻是難度加難。美國學界探討女性參政困境，現任者優勢的解釋相當被接受（Darcy, Welch and Clark, 1994; Welch and Studlar, 1990）。現任者優勢常以實際的選民服務跟選民有所連結，T13H是多屆資深男議員，所在選區未滿四席，他的選民服務等同於全區服務，他說：「要到處跑到處服務，那大小的攤通通跑……連里長要挑戰選議員都很難。」

　　T12H是多屆資深男議員，他所在選區的應選席次也未滿四席，他進一步舉實際的服務：「這裡老人多，是人口老化最嚴重的地方，我的服務就是爭取醫療公車開來這裡，老人都很開心。」訪談中被舉出的選民服務五花八門，包括「作排水溝」（T16H）、「巷口設紅綠燈」（T19H）、「分隔島打開增設人行通道，分隔島打開增設交叉路口」（T14H）、「每天跑殯儀館是一定的，每個喪家至少拜訪四次」（T11H）、「爭取知名大學來設分部」（T08H）等等，這些都是沒有資源的參選者難以挑戰現任者的困境。另一位女性參選者T10H，對女性在地政治參與相當有理念，高度關注教育、環境、性別、人權與主權等議題，擁有高度公民自主行動力，所屬團體也具社會知名度與辨識度。2018年選舉，她參選剛好只有三席的選區，她分析政治情勢，同時感嘆現任議員具有的選民服務優勢，她表示：

　　我覺得選民就是還是在選人啦，我們實際的經驗很少選民真的坐下來談議題，因為他們關心的程度並不是那麼的深，譬如說他們關心停水，最直接，然後什麼時候停水、會不會通告，現任議員就可以幫他們，類似這樣子，很難談到譬如說環境勞動、兒童權益、婦女權益這樣子的議題。

　　T10H對在地公民社會質變的殷殷期盼，希望能點醒選民對政見的意識狀態，所以運用上下班時間到路口進行政策監督跟政見的宣講，然而真實的票數依舊不敵現任者優勢。有著兩屆鄉代資歷的T16H，首度參選鄉代也因當地有一席婦保名額的鼓舞有關，當時吸引了3位女性參選，唯獨她當選，且未使用保障制度。在她當了兩屆鄉代後，在地數度傳出她屢屢想挑戰縣議員選舉的消息，但她卻未有實際參選行動，面對挑戰現任優勢的困難重重，她說：

　　我們這邊快20年沒有女性出來選議員，每次出來選全部都男男男男男，女生不敢出來啊。這邊比較鄉下地方，也比較保守，對，保守鄉下地

方就沒有保障，女生就不敢跳出來選。鄉下比較沒有黨派區分，可是他們像這樣子政黨提一席，那個位置就被他占了，這兩個議員的缺已經占住了，想要攻破是非常難。……如果有婦保名額，我早就「hōo--i 《ㄟˋ lòh-khì」（給他《ㄟˋ落去，瞄準目標行動）

　　楊婉瑩（2000b：72-73）分析參與政治過程中，女性參政居於劣勢的結構要素，至少可歸因為「情境因素、政治社會化或角色衝突、社會結構論或社經資源分配不均、政治機會結構」四種解釋，政治機會結構又以「政治需求面」、「現任者優勢」為學者常提出的分析重點。現任者具有現任從政者資源，以目前現任者依舊為男性比例較高的情況下，如果政治需求面在選舉制度、政黨、選區劃分等政治環境，沒有創造出促進女性參選的情境或需求，對女性出來參選依舊相對不利。

三、反轉效應與污名效應

　　本文受訪者都被問及關於對婦女保障名額制度的立場與看法，總歸來說共有贊成與反對兩種意見，進一步來說，選區四席以下的女性參選者與曾因婦女保障名額機會參選者幾乎都贊成；相對地，選區四席以下的男性參選者大都呈現反對保障制度。選區四席以上的男性受訪者，則是反對居多，少數贊成：贊成者認為女性參政障礙多；反對者認為男女已平等，無須保障。選區四席以上的女性受訪者，則是贊成居多，少數反對：贊成者認為女性參政障礙多；反對者認為男女已平等，無須保障（表2-2）。

　　男性受訪者不論選區四席以下或四席以上，普遍都持反對意見，但理由各不一致。許多鄉鎮的地方勢力經常是在地的既有利益團體或是有力組織，並不一定是政黨，但若選區內有一席婦女保障名額制度，幾乎就讓選區成為政黨政治的影響區，T13H（男議員）說明小選區有無婦女保障名額對政黨政治、對不同性別參選者的影響，首先，就是讓原本沒有政黨政治的選區，立即進入政黨競爭：「如果有保障名額，一定就是政黨政治，

表2-2　受訪者對婦女保障名額制度的看法

	贊成	反對	主張說明
選區四席以下男性受訪者		V	政黨競爭會介入。投票常會造成二席女性全上，擠掉男性當選機會
選區四席以下女性受訪者	V		男性有現任優勢與性別文化的優勢，女性不敢出來參選
選區四席以上男性受訪者		V反對居多，少數贊成	贊成者認為女性參政障礙多；反對者認為男女已平等，無須保障
選區四席以上女性受訪者	V贊成居多，少數反對		贊成者認為女性參政障礙多；反對者認為男女已平等，無須保障
曾因婦女保障名額機會參選者	V		會鼓勵女性參政，但自己是靠實力，沒用到保障

政黨政治一定會去推了。一定會去找人，就說你這個區塊找不到人，也會從空降的，派也會派過來」「那就會競爭，競爭的結果反而是兩席女性都會上」。有婦保名額就會改變在地的政治生態，讓原先較無在地影響力的政黨進入競爭，促進既有的在地政治勢力需跟政黨合作。另外，男性參選者普遍反對的另外一種意外的理由是，兩位競爭名額的女性一旦參選，「就會很用力選」（T13H），兩位女性當選的機會大增，反而壓縮既有的男性參政。T13H舉了幾個四保一選區的選舉結果，常都是兩席女性全上，此一保障的「反轉效應」對在地男性參選者威脅極大：

競爭後，她們的票數都會比男性高。你看竹圍選鄉代時，竹圍跟果林是一個選區，那時也有婦保一席應選四席，結果選舉兩席女性都上。

像楊梅也是四保一，上一屆女性就是兩席當選（陳賴素梅跟周玉琴），這屆周玉琴跟鄭淑方也是兩席女生當選。那龜山2009年也是四席，結果兩個女生都當選（李麗珠、林俐玲），上一屆李麗珠沒上，但去年2018又是林俐玲跟陳雅倫二席當選。那在蘆竹也是一樣的情況，選四席，就兩個女生都當選（郭麗華跟張桂綿）。

　　在四保一制度下的實際選舉情況，兩席競爭保障名額的女性因高度競爭，常都會雙雙當選，男女當選比有機會達到1：1，這樣的現況讓參選者思考如果將規則改為三保一，按前述選舉競爭結果來看，就可能讓原本三席男性只剩一席，也是在地男議員多數反對的考量。T12H（男議員）也提出類似想法，他思考婦女保障席次若改為三保一，擔憂的是女性當選總席次可能會多於男性的可能。他說：「操作起來就是會有可能，就是說他現在小選區變成女性會再一席，可是在大選區女性又選得比男生好。所以總數加起來，很可能就會比男生還多。」

　　男性反對的理由，除了擔心選區內因二席參選女性雙雙當選而壓縮男性當選機會，以及女性當選總數可能比男性多之外，另外認為保障違反民主機制也是反對的理由。另一位男性前議員T14H的選區也是三席，他相當反對婦女保障名額制度，認為已達性別平權，違反公平與民主機制反對保障，他說：

　　我覺得要改成三分之一是不合理的，我絕對是徹底反對三分之一，這三分之一是不合理的。之前婦女參與的時候不夠，所以才那個啊，其實這種東西反而是壟斷一些參政的人。我覺得四分之一跟三分之一那都是不符合公平性，我甚至說要把它拿掉。

　　T14H繼續回到選舉脈絡來談參選人的保障，如果參選人要面臨女性參選的保障優勢，還要面對政黨提名策略未達標的情勢，對男性參選人來說無疑是多重打擊，他表示：「像這次○○黨高額提名，結果呢，市長票沒有轉給議員票，落選更多，如果又多一個女生保障出來，那誰負責呢？對不對？」T14H花了不少時間分析跟說明他反對婦女保障的原因，其中包括他對政黨提名策略的不滿意。與女性參選者相較，男性參選者雖在政治場域有著性別優勢，但並不表示他們的當選是單單僅靠著性別優勢就能完成。婦女保障名額制度一旦進入選區，往往會讓政黨改變提名策略，連帶影響在地既有政治勢力的重新洗牌。

　　普遍來說，反對婦女保障名額制度者，多數以桃園八德選區爲例，以此情況很難說服社會還需特別提高女性的參政保障。桃園八德選區近幾屆議員選舉（2014年、2018年）女性候選人跟當選人數量都比男性多，T11H、T12H、T13H、T14H與T04等都以這樣的反轉情況反對婦女保障名額。處在多席次選區的資深女性議員T04說：「選舉都是靠實力，像八德女生根本都不用再保障，再保障下去，公平嗎？」T18H（曾任議員與地方鄉鎮首長）也以桃園市大於三席的選區都已有女性當選爲例，他說：「這幾個平鎮、中壢、桃園市這幾個都不需要，還有八德都不需要。」受訪者普遍主張在地經營的重要性跟女性參政藩籬已逐漸突破，不需進行制度調整。

　　事實上，多席次選區的女性當選實況正是呈現在婦女保障制度下，只要有女性參選，她們的當選通常都靠實力而不需要透過保障才當選的情況。由於制度保障是全部選區適用，因此無法得知在多席次選區，若無婦女保障名額制度作基底的話，女性參選跟當選會出現什麼樣的差異。這種認爲女性在政治場域的機會結構跟男性差不多者，也是持反對或保留意見的女性參選者的想法。出身政治家族，身處無婦女保障名額選區的T08H，也認爲現況不再需要保障制度，她說：「我覺得女人已經很強了，你要人家什麼保障？我是覺得不用，因爲有時候他們男議員也會講說你們女人這麼用心細心，很會服務，以後議員都會是女的，他們眞的這樣子講。」另外，雖然T07H多年前因婦女保障名額受政黨提名才踏入政治之路，但她評估現階段女性參政實力增強，加上可用數位方式投入選舉，今非昔比，不太需要婦保制度。

　　訪談中另一種觀察到的反應是擔心「污名效應」，影響社會對其政治能力的懷疑，這樣的反應最常出現在前述幾位受惠於婦女保障名額制度而出來參選的女性，她們表示在選區中很常聽到「應該要保障男性而不是女性」的說法，T07H說：「八德的話，八德的選舉選五席，結果四個女生一個男生。」另一位M03H則說：「但其實像我們縣議會是十一席女性議員，三十七席有十一席，比例很高，那所以這邊就都在講說，欸應該是保

障男性不能保障女性。」參選經驗不多的T10H也擔心女性若因此當選會被污名化，難以在議會的政治生態中生存。

　　此外，在訪談過程中，本文訪談的議員，不論男性、女性，也不論出身政治家族或是毫無政治淵源者，幾乎都會強調他們首次參選前進行政治蹲點多年，並細數蹲點勞動過程中的辛苦。在長期蹲點與組織在地的情況下，若女性因婦保名額當選，更加容易造成女性當選的被污名以及男性的相對剝奪感（relative deprivation）發生。污名效應產生的脈絡可能是兩種情況導致：第一，在部分選區，女性當選的比例已比男性參選者多，而有婦女保障名額制度，易產生保障女性便排擠男性的迷思。第二，男性的參選經常是蹲點多年，而女性至少有1位可因制度保障當選，對比男性參選者的長期投入，具有強烈的相對剝奪感與不公平感。但前述效應究竟是出現在多少席次的選區，或是什麼社會條件下常會出現此一情況等，都需要進一步的研究分析。

伍、分析與討論

一、小選區制度安排不利女性參選

　　檢視2014年與2018年桃竹苗三縣市（附錄一）沒有女性當選的選區分別為10個與11個（若加上新竹市，兩個年度各增加1個選區），這些選區共同特性為應選名額皆不超過3位，顯現女性若要在小選區內參選，需面對在地的政治結構與性別文化障礙。在這些選區中，桃園的新屋、新竹的關西、新埔、橫山、芎林、北埔與峨眉，在1998年到2018年的20年間，都沒有出現過女性縣議員，多數更是自有選舉以來就未曾有女性登記參選過或當選過。根據莊文忠、林瓊珠、鄭夙芬與張鐙文（2018：20）指出，就2000年至2010年縣市議員選舉資料來看，選區應選三席以下（含三席）的女性參選比例跟當選比例為14.9%、12.4%，與應選四至七

席的比例26.8%、29.7%相比，幾乎未達一半程度；且也跟整體女性參選比例24.3%與整體女性當選比例26.4%差距將近一半（表2-3）。顯示若以選區規模來檢視臺灣女性參政情況，應選三席（含三席）以下的選區是情況最為嚴峻的區域，這些區域長期持續有政治參與單一男性化現象。小選區的女性參選行動，至少會遇到現任優勢、公共事務男性化、在地特定性別文化等三個困境。

表2-3　婦女保障名額與女性候選人參政情形

	女性參選比例	女性當選比例	女性候選人平均得票率
應選3席以下	14.9%	12.4%	26.8%
應選4-7席	26.8%	29.7%	9.9%
應選8-11席	25.1%	28.5%	5.6%
應選12-15席	30.9%	30.5%	4.6%
應選15-19席	32.1%	25.7%	2.0%
整體	24.3%	26.4%	9.5%

資料來源：莊文忠、林瓊珠、鄭夙芬與張鐙文（2018：20）。

　　先前許多研究指出婦女保障名額在席次較多的選區幾乎已無實質助益，在實際選舉的成果上，也有部分多席次選區裡當選女議員的數目比男議員還多。然而，沒用到婦女保障名額制度，不表示此一制度沒有實質效用。莊文忠、林瓊珠、鄭夙芬與張鐙文（2018）就以2000年到2010年的縣市議員選舉為例，發現婦女保障名額的存在對於鼓勵女性參選有實質的幫助，最明顯的部分即是觀察應選席次三席以下（含三席）的選區，這些選區沒有保障名額，通常也就無女性參選。此一「如果沒有制度，女性連參政舞臺都沒有」的現象，唐文慧、王怡君（1999）在20年前的研究就曾指出，顯見期間變化並沒有太大。本文檢視北部桃竹苗客家選區，確認部分席次四席以下的小選區已經長達20年沒有出現過女性議員，有些鄉鎮甚至從有選舉以來從未有女性參選人或女性縣議員，選區內沒有女性參

選跟當選的情況也可在其他縣市的小選區見到，例如臺南市、宜蘭縣等。

　　女性參選面臨的結構困境，在小選區相當容易突顯，往往選區擴大就可暫時隱形化或淡化這些困境，使得大選區中的女性參政比例不斷提高。就以臺南縣市升格整併前後來看（附錄二），2005年臺南縣與臺南市共計有16個選區，應選四席以下的選區共有五區，而正好沒有女性當選議員的選區也就是這5個選區。2010年縣市合併，選區首度合併，在席次與選區重新調配下，在16個選區中共有8個選區應選席次四席以下，沒有女性當選議員的選區依舊爲5個選區。2014年共有16個選區，其中有9個選區應選席次四席以下，沒有女性當選議員的選區持續爲5個選區。2018年選區重劃爲11個選區，應選席次四席以下的選區大幅降爲2個選區，而臺南市內沒有女性議員當選的選區也相應降爲這2個選區。而臺南縣市這四次選舉中，皆沒有女性使用到保障制度當選[8]。莊文忠、林瓊珠、鄭夙芬與張鐙文（2018）研究指出，當應選席次達四席而有一席保障名額時，對女性參選的誘因最大，同時一旦女性啓動參選，影響能否當選並非取決於保障制度，而是其他條件的支持。男性向來是公共領域中主要的行動主體，女性若要突破長期形構而成的在地政治，加上需面對不同的性別期待與刻板印象，都讓女性投入選舉的門檻較高。不只婦女保障名額具有調整功效，選舉制度與選區規模大小的劃分，也會影響男性與女性參與選舉的行動，臺南市選區規模的重新設計與調整，減少四席以下的小選區，立即影響女性參選的意願與行動。

二、從四分之一婦女保障到三分之一性別比例原則

　　國際爲改善長期女性參政的低比例現象，採用選舉制度、政黨提名比例、政治任命、性別配額等多種管道，培力女性對公共事務的興趣

8　2005年臺南縣5個三席以下選區爲：05選區（學甲、將軍、北門）、06選區（大內、新化、山上）、07選區（善化、安定）、08選區（玉井、楠西、南化、左鎮），以及臺南市06選區（安平）。2018年的2個選區三席以下選區爲：03選區（麻豆、下營、六甲、官田、大內）與04選區（玉井、楠西、南化、左鎮），其餘請詳見附錄二。

與能力，而近年女性參政比例漸增，性別配額等制度性的介入效果明顯
（Krook, 2009）。臺灣為促進女性參政，推行婦女保障名額制度，由來
已久。目前婦女名額保障制度（性別比例原則）在中央層級民意代表選舉
與地方層級民意代表選舉之應用，因規定不同，效果也不一樣。學界探討
多有不同的主張，有的從觀察不同層級選舉出發，有的從民主精神與機制
討論，主張有反對、保留，也有贊成持續推動。近期透過許多新的實證研
究指出，女性參選的門檻依舊存在，女性參與政治仍需面對許多不利的結
構與性別文化的挑戰。雖然今日女性參選人教育程度提高、經濟與社會資
源增加、選民接受女性候選人意願提高等的友善環境，但多數在地政治仍
由男性主導。

　　為改善女性從政的結構性困境，我國已於2012年內國法化CEDAW公
約，積極消除因僵化的性別刻板印象與性別二分對立，在各種政經社會
結構、文化習俗裡所形成的性別差距現象。同時，行政院（2011函頒：
37）在「性別平等政策綱領」中，也將修正地方制度法中婦女保障名額
為性別比例原則視為具體行動措施，以提高女性參政比例到「30%為中程
目標，未來以達成40%性別比例原則為最終目標」。內政部為蒐集有關修
正性別比例原則的意見，並於2012年、2017年分別召開有關地方制度法
跟婦女保障制度相關的座談會，與會學者多數支持「任一性別不低於三分
之一」的修法方向[9]。

　　至於婦女保障的比例「從四分之一到三分之一」的可能效應，鮑
彤、莊文忠、林瓊珠（2014：133）運用選舉資料運算，主張「保障名額
制度提供政黨誘因去提名女性候選人參選，有鼓勵女性參與政治之效」，
培力參與政治事務的女性人才，衡平兩性在政治場域的差距。而四分之一
到三分之一，並非單指保障女性，而是「性別比例原則」。臺灣婦女保障
制度訴求重點的轉移，與婦女團體支持以制度導引女性參政所提的兩個訴

---

[9] 分別是2012年5月2日「地方制度法有關婦女保障制度檢討座談會」、2017年9月18日「地方
民意代表婦女保障名額制度檢討公聽會」。

求有關，第一是「四分之一」到「三分之一」，第二則是「婦女保障名額」到「性別比例原則」（黃寶瑛，2006：91）。黃長玲（2001：71）在探討兩性共治理論研究中指出，從「婦女保障制度」到「性別比例原則」，其實有制度運作與設計精神的差異，「婦女保障的目的是保障女性，但是性別比例的目的則是促進性別均勢」，所謂的「性別比例原則」是指「任一性別」，要保障的性別乃是視情境需要而定。四分之一婦女保障名額轉向三分之一性別比例原則的目的，在於培力公共領域裡不同性別的人才，促進在地公共領域有不同性別的觀點與參與，然而在地反對與擔心的意見也不容小覷，如何與在地參選者持續溝通與討論，也是制度調整修法前應持續進行的事務。

　　根據本文研究成果，在北部客家族群聚居的選區中，婦女保障名額制度仍然扮演女性出來登記參選的重要機制，但是在地對改為三分之一性別比例原則，持反對跟保留意見者不少，特別是男性參選者擔心保障出現「反轉效應」，女性參選者擔心「污名效應」最為明顯。男性參選人的判斷來源主要根據鄰近的四席選區的選舉結果，政黨政治下常出現兩位女性參選人為爭一席名額而參選，選舉結果經常是兩位女性當選且甚至不需用到名額。這樣的實際選舉經驗，讓他們擔心良善用意的性別比例制度會產生反轉效應，兩位參選女性雙雙當選，將原本男性三席擠壓至一席，讓三分之一性別比例原則直接成為保障男性，因而，在地男性參選者對調整為三分之一性別比例原則的反對十分堅定。然而，女性無法／不敢／不願在小選區參選，常形成「小選區沒有女性參選、大選區女性參選踴躍」的兩極化發展現象，長期將不利在地女性政治人才的培育，也無法改變在地政治男性化的結構發展。

　　隨著女性逐漸進入政治場域與經濟場域，但是傳統男女性別規範依舊有其規範性力量，女性身兼家庭的照顧責任常使女性卻步於公共領域之外。臺灣原有的婦女保障制度概念，目前已提升到性別比例的進步階段，這也預示社會普遍已接受性別平權的觀點。雖社會對婦女保障制度的觀念已逐漸可提升到性別比例原則的程度，在實際的選舉制度革新中，中央級

民意代表在修法改變後，女性參政的比例快速增加，但縣市議員選舉制度並未相應地進行修法。北部客家傳統選區裡的小選區結構困境不利女性參政，若要培力在地女性政治人才，改變在地政治單一性別化的結構，促進政治場域的性別均勢，可從以下幾個方面進行：

（一）修正保障相關法律：修正地方制度法三分之一婦女保障名額為「任一性別不低於三分之一」之性別比例原則，改善小選區內的在地政治長期單一性別化的結構。

（二）選區規模的重新規劃：重新檢視應選四席以下選區，進行選區重新規劃與合併，降低小選區數量，以利參選者的多元參與。

（三）政黨提名性別比例：參考瑞典等北歐國家之政黨性別配額制度，以提名不得低於40%的性別比例制度，平衡政黨人才的性別比例代表，積極培養女性參政人才。

（四）行政組織法性別比例：將性別比例原則納入行政組織法相關修正，例如政府部門、中央行政機關、地方行政機關等，培力女性公職人才。

　　總結來說，從選舉相關法律的修正、選區的重新規劃與合併兩方面進行，將可儘速鼓勵女性投入選區的政治參與與公共事務，多元的性別觀點導入能促進公共決策的性別平等，也能豐富不同群體於在地公共事務的多元參與，有助於在地的性別社會文化結構的轉變。最後，本文成果乃以北部客家選區為例，探討女性參選者與婦女保障名額制度的關係，至於其他縣市的女性在小選區的參政結構困境是否一樣，或是另有特定的在地社會文化結構，都待另外研究進一步探討。

附錄一

2014年桃竹苗四縣市各選區男女縣市議員數量（含客家文化重點發展區）

縣市	選區	候選人數			當選人數		
		計	男	女	計	男	女
桃園市	01選區：桃園市	25	21	4	11	7	4
	02選區：龜山	7	5	2	4	3	1
	03選區：八德	14	9	5	5	2	3
	04選區：蘆竹	8	3	5	4	2	2
	05選區：大園	3	3	0	**2**	**2**	**0**
	06選區：大溪、復興	10	7	3	3	2	1
	07選區：中壢	22	16	6	10	7	3
	08選區：平鎮	19	15	4	6	4	2
	09選區：楊梅	8	5	3	4	2	2
	10選區：龍潭	9	8	1	**3**	**3**	**0**
	11選區：新屋	2	2	0	**1**	**1**	**0**
	12選區：觀音	4	4	0	**2**	**2**	**0**
新竹市	01選區：東區	23	17	6	11	9	2
	02選區：南區	9	4	5	4	3	1
	03選區：西區	5	5	0	**2**	**2**	**0**
	04選區：北區	14	10	4	9	6	3
	05選區：香山區	9	7	2	6	5	1*
新竹縣	01選區：竹北	15	11	4	10	7	3
	02選區：湖口	6	3	3	5	2	3
	03選區：新豐	7	4	3	4	3	1*
	04選區：關西	4	3	1	**2**	**2**	**0**
	05選區：新埔	4	4	0	**2**	**2**	**0**
	06選區：橫山	3	3	0	**1**	**1**	**0**
	07選區：芎林	1	1	0	**1**	**1**	**0**

2014年桃竹苗四縣市各選區男女縣市議員數量（含客家文化重點發展區）（續）

縣市	選區	候選人數			當選人數		
		計	男	女	計	男	女
	08選區：竹東	11	8	3	6	5	1
	09選區：寶山	1	1	0	**1**	**1**	**0**
	10選區：北埔、峨眉	3	3	0	**1**	**1**	**0**
苗栗縣	01選區：苗栗市、公館、頭屋	16	12	4	9	6	3
	02選區：銅鑼、三義、西湖	5	4	1	3	2	1
	03選區：通宵、苑裡	7	5	2	5	3	2
	04選區：竹南、後龍、造橋	16	10	6	9	4	5
	05選區：頭份、三灣、南庄	11	8	3	7	5	2
	06選區：卓蘭、大湖、獅潭、泰安	4	3	1	3	2	1

說明：1.灰色色階選區為客委會公告之客家文化重點發展區（桃園市復興區除外）。2.粗體為該區無女性當選，*為該選區有婦保名額當選席次。

資料來源：中央選舉委員會選舉資料庫。

2018年桃竹苗四縣市各選區男女縣市議員數量（含客家文化重點發展區）

縣市	選區	候選人數			當選人數		
		計	男	女	計	男	女
桃園市	01選區：桃園市	22	16	6	12	9	3
	02選區：龜山	6	4	2	4	2	2
	03選區：八德	10	4	6	5	1	4
	04選區：蘆竹	7	4	3	4	2	2
	05選區：大園	3	3	0	**2**	**2**	**0**
	06選區：大溪、復興	5	4	1	2	1	1
	07選區：中壢	21	15	6	11	9	2
	08選區：平鎮	12	8	4	6	5	1
	09選區：楊梅	10	5	5	4	2	2
	10選區：龍潭	9	7	2	**3**	**3**	**0**

2018年桃竹苗四縣市各選區男女縣市議員數量（含客家文化重點發展區）（續）

縣市	選區	候選人數			當選人數		
		計	男	女	計	男	女
	11選區：新屋	3	3	0	**1**	**1**	**0**
	12選區：觀音	5	4	1	**2**	**2**	**0**
新竹市	01選區：東區	22	16	6	12	7	5
	02選區：南區	9	6	3	4	2	2
	03選區：西區	6	6	0	**2**	**2**	**0**
	04選區：北區	18	14	4	9	6	3
	05選區：香山區	14	8	6	6	5	1
新竹縣	01選區：竹北	25	18	7	11	7	4
	02選區：湖口	10	8	2	5	3	2
	03選區：新豐	4	4	0	**3**	**3**	**0**
	04選區：關西	3	3	0	**2**	**2**	**0**
	05選區：新埔	8	7	1	**2**	**2**	**0**
	06選區：橫山	2	2	0	**1**	**1**	**0**
	07選區：芎林	2	1	1	1	0	1
	08選區：竹東	13	10	3	6	3	3
	09選區：寶山	4	4	0	**1**	**1**	**0**
	10選區：北埔、峨眉	2	2	0	**1**	**1**	**0**
苗栗縣	01選區：苗栗市、公館、頭屋	15	10	5	9	7	2
	02選區：銅鑼、三義、西湖	4	4	0	**3**	**3**	**0**
	03選區：通宵、苑裡	10	7	3	5	3	2
	04選區：竹南、後龍、造橋	16	7	9	9	4	5
	05選區：頭份、三灣、南庄	17	12	5	8	6	2*
	06選區：卓蘭、大湖、獅潭、泰安	3	2	1	**2**	**2**	**0**

說明：1.灰色色階選區為客委會公告之客家文化重點發展區（桃園市復興區除外）。2.粗體為該區無女性當選，*為該選區有婦保名額當選席次。
資料來源：中央選舉委員會選舉資料庫。

附錄二

2005年臺南縣市議員選舉男女候選與當選人數

縣市	選區	候選人數			當選人數		
		計	男	女	計	男	女
臺南縣	01選區：新營、鹽水、柳營	9	7	2	6	5	1
	02選區：白河、後壁、東山	4	2	2	4	2	2
	03選區：麻豆、下營、六甲、官田	8	5	3	5	3	2
	04選區：佳里、西港、七股	9	5	4	5	4	1
	05選區：學甲、將軍、北門	5	4	1	3	3	0
	06選區：大內、新化、山上	5	5	0	3	3	0
	07選區：善化、安定	4	4	0	3	3	0
	08選區：玉井、楠西、南化、左鎮	3	3	0	2	2	0
	09選區：仁德、歸仁、關廟、龍崎	11	8	3	8	6	2
	10選區：新市、永康	25	20	5	11	9	2
臺南市	01選區：東區	19	15	4	10	8	2
	02選區：南區	14	11	3	7	4	3
	03選區：中西	7	5	2	5	3	2
	04選區：北區	16	14	2	7	6	1
	05選區：安南	14	10	4	9	6	3
	06選區：安平	6	6	0	3	3	0

說明：灰色階為無女性議員當選區。
資料來源：中央選舉委員會。

2010臺南市議員選舉男女候選與當選人數

縣市	選區	候選人數			當選人數		
		計	男	女	計	男	女
臺南市	01選區：白河、後壁、東山	4	2	2	2	1	1
	02選區：新營、鹽水、柳營	8	6	2	4	3	1
	03選區：學甲、將軍、北門	3	3	0	2	2	0
	04選區：麻豆、下營、六甲、官田	8	4	4	4	2	2
	05選區：佳里、西港、七股	5	3	2	3	1	2
	06選區：善化、安定	3	3	0	2	2	0
	07選區：大內、新化、山上	4	4	0	2	2	0
	08選區：玉井、楠西、南化、左鎮	3	3	0	1	1	0
	09選區：新市、永康	17	14	3	7	4	3
	10選區：安南	11	9	3	5	4	1
	11選區：北區	10	7	3	4	2	2
	12選區：中西	4	2	2	2	0	2
	13選區：安平	4	4	0	2	2	0
	14選區：東區	17	11	6	6	4	2
	15選區：南區	8	5	3	4	1	3
	16選區：仁德、歸仁、關廟、龍崎	10	8	2	5	3	2

說明：灰色階爲無女性議員當選區。
資料來源：中央選舉委員會。

2014年臺南市議員選舉男女候選與當選人數

縣市	選區	候選人數			當選人數		
		計	男	女	計	男	女
臺南市	01選區：白河、後壁、東山	3	2	1	2	1	1
	02選區：新營、鹽水、柳營	6	4	2	4	3	1
	03選區：學甲、將軍、北門	3	3	0	2	2	0
	04選區：麻豆、下營、六甲、官田	5	3	2	3	2	1

2014年臺南市議員選舉男女候選與當選人數（續）

縣市	選區	候選人數			當選人數		
		計	男	女	計	男	女
	05選區：佳里、西港、七股	5	3	2	3	1	2
	06選區：善化、安定	3	3	0	2	2	0
	07選區：大內、新化、山上	3	3	0	2	2	0
	08選區：玉井、楠西、南化、左鎮	2	2	0	1	1	0
	09選區：新市、永康	11	8	3	8	5	3
	10選區：安南	9	6	3	5	4	1
	11選區：北區	6	3	3	4	2	2
	12選區：中西	2	0	2	2	0	2
	13選區：安平	2	2	0	2	2	0
	14選區：東區	9	5	4	6	3	3
	15選區：南區	6	3	3	4	1	3
	16選區：仁德、歸仁、關廟、龍崎	7	5	2	5	3	2

說明：灰色階爲無女性議員當選區。
資料來源：中央選舉委員會。

2018年臺南市議員選舉男女候選與當選人數

縣市	選區	候選人數			當選人數		
		計	男	女	計	男	女
臺南市	01選區：新營、鹽水、白河、柳營、後壁、東山	10	8	2	6	5	1
	02選區：佳里、學甲、西港、七股、將軍、北門	10	6	4	5	3	2
	03選區：麻豆、下營、六甲、官田、大內	4	3	1	3	3	0
	04選區：玉井、楠西、南化、左鎮	4	4	0	1	1	0
	05選區：新化、善化、新市、安定、山上	10	7	3	5	4	1

2018年臺南市議員選舉男女候選與當選人數（續）

縣市	選區	候選人數			當選人數		
		計	男	女	計	男	女
	06選區：安南	10	6	4	5	3	2
	07選區：永康	15	11	4	7	3	4
	08選區：北區、中西	11	7	4	6	3	3
	09選區：南區、安平	12	6	6	6	3	3
	10選區：東區	11	8	3	5	2	3
	11選區：仁德、歸仁、關廟、龍崎	10	6	4	5	3	2

說明：灰色階爲無女性議員當選區。

資料來源：中央選舉委員會。

參考文獻

一、中文部分

立法院（1999修正）。地方制度法立法沿革。1999月1月13日制定。讀取日期：
　　2017年1月6日，https://bit.ly/2SBfwHM。

立法院（2007修正）。公職人員選舉罷免法立法沿革。2007年11月6日全文修正。
　　讀取日期：2017年1月6日，https://bit.ly/3fBxX8l。

立法院（2010修正）。地方制度法立法沿革。2010年1月18日修正。讀取日期：
　　2017年1月6日，https://bit.ly/34qv5V5。

全國法規資料庫（1947公布）。中華民國憲法。讀取日期：2018年11月16日，
　　https://bit.ly/2AzRCk3。

全國法規資料庫（1979簽訂）。消除對婦女一切形式歧視公約。讀取日期：2017年
　　6月10日，https://bit.ly/3fSI4o2。

全國法規資料庫（2005修正）。中華民國憲法增修條文。讀取日期：2017年106
　　日，https://bit.ly/3c2pxo7。

行政院（2011函頒）。性別平等政策綱領。讀取日期：2018年5月25日，https://bit.
　　ly/3vMYOE5。

總統府（2017）。中華民國憲法，憲法簡介，憲法第一次增修。讀取日期：2017年
　　1月6日，https://bit.ly/2SA7ChH。

姜貞吟（2009）。女性作為政治行動者—臺灣女性參政圖像的反思。臺灣社會研究
　　季刊，76，277-316。

姜貞吟（2011）。男性不在場：臺灣女性參政的性別階序格局。臺灣社會研究季
　　刊，82，179-240。

姜貞吟（2013）。臺灣女性在客家群居縣市參與地方政治之初探。客家公共事務學
　　報，8，53-87。

姜貞吟（2016）。桃竹苗客家地區宗親政治下的女性參政。婦研縱橫，104，19-
　　30。

洪家殷（1996）。論我國婦女當選名額之規定。東吳法律學報，9（1），151-
　　189。

唐文慧、王怡君（1999）。女性參政者之角色扮演與政策議題：以1998年立法委員
　　選舉為例。政治大學社會學報，29，75-116。

梁雙蓮、顧燕翎（1995）。臺灣婦女的政治參與：體制內與體制外的觀察。載於劉毓秀（主編），臺灣婦女處境白皮書：1995年（95-143頁）。臺北：時報出版。

莊文忠、林瓊珠、鄭夙芬、張鐙文（2018）。婦女保障名額制度與選舉競爭對女性參政的影響：以2000年至2010年縣市議員選舉為例。臺灣政治學刊，22（2），1-46。

莊文忠、鄭夙芬、林瓊珠（2012）。我國選舉制度婦女保障名額之研究。研考會委託計畫報告，2013年2月9日，取自http://bit.ly/2Lsx7Lh。

黃長玲（2001）。從婦女保障名額到性別比例原則：兩性共治的理論與實踐。問題與研究，40（3），69-82。

黃長玲（2012）。差異政治的形成：1946年婦女保障名額制訂的歷史過程。政治科學論叢，52，89-116。

黃寶瑛（2006）。我國婦女保障名額制度的轉化之研究。真理大學人文學報，4，79-101。

楊婉瑩（2000a）。婦女的政治機會結構析論。國立中山大學社會科學季刊，2（4），65-96。

楊婉瑩（2000b）。選舉制度對婦女參政影響之評估。理論與政策，14（4），71-90。

楊婉瑩（2007）。政治參與的性別差異。選舉研究，14（2），53-94。

楊婉瑩（2019）。沒有選擇的選擇——女性從政者的雙重束縛。載於王曉丹（主編），這是愛女，也是厭女：如何看穿這世界拉攏與懲戒女人的兩手策略？（171-193頁）。臺北：大家。

蔡宗珍（1997）。關於民意代表之婦女保障名額條款的另類思考。婦女與兩性研究通訊，44，5-7。

鮑彤、莊文忠、林瓊珠（2014）。從四分之一到三分之一？婦女保障席次的選舉效應評估。東吳政治學報，32（1），99-141。

二、外文部分

Burns, N., Schlozman, K. L. and Verba, S. (2001). *The Private Roots of Public Action: Gender Equality and Political Participation*. Cambridge: Harvard University Press.

Chou, B-E., Clark, C. and Clark, J. (1990). *Women in Taiwan Politics: Overcoming Barriers to Women's Participation in a Modernizing Society*. CO: Lynne Rienner.

Darcy, R., Welch, S. and Clark, J. (1994)[1987]. *Women, Elections and Representation*. Lincoln: University of Nebraska Press.

IDEA/Employers' Organization (2000). *Survey of Newly Elected Councilors 2000*. London: IDEA.

IDEA/Employers' Organization (2001). *National Census of Local Authority Councilors in England and Wales 2001*. London: IDEA.

IDEA, (2005). *Electoral System Design: The New International IDEA Handbook*. International Institute for Democracy and Electoral Assistance.

IDEA, IPU, Stockholm University (2013). Atlas of Electoral Gender Quotas. Sweden: International Institute for Democracy and Electoral Assistance. Retrieved April 15, 2019, from: https://bit.ly/3ftcDl4.

Interparliamentary Union (IPU) (2010). Women in Parliament in 2010: The Year in Perspective. Retrieved February 20, 2019, from: http://bit.ly/37oGGmQ.

Jones, M. P. (1998). Gender Quotas, Electoral Laws, and the Election of Women: Lesson from the Argentine Provinces. *Comparative Political Studies*, 31, 3-21.

Jones, M. P. and Navia, P. (1999). Assessing the Effectiveness of Gender Quotas in Open-List Proportional Representation Electoral Systems. *Social Science Quarterly*, 80(2), 341-355.

Krook, M. L. (2009). *Quotas for Women in Politics-Gender and Candidate Selection Reform Worldwide*. New York: Oxford University Press.

Lijphart, A. (1984). *Democracies: Patterns of Majoritarian and Consensus Government in Twenty-One Countries*. New Haven: Yale University Press.

Murray, R. (2010). *Parties, Gender Quotas, and Candidate Seclection in France*. Basingstoke: Palagrave Macmillan.

Quotas Project (Global Database of Quotas for Women Project) (2015). *Gender Quota Around the World*. Retrieved June 20, 2016, from: http://www.quotaproject.org/.

Rule, W. (1987). Electoral Systems, Contextual Factors and Women's Opportunity for Election to Parliament in Twenty-three Democracies. *Western Political Quarterly*, September, 477-498.

Tremblay, M. (Ed.), (2008). *Women and Legislative Representation: Electoral Systems, Political Parties, and Sex Quotas*. London, UK: Palgrave Macmillan.

Welch, S. and Studlar, D. T. (1990). Multimember Districts and the Representation of Women: Evidence from Britain and the United States. *Journal of Politics*, 52(2), 391-412.

第二部分

客庄治理

孫煒

壹、前言

　　當代公共行政與預算學者強調公共行政的決策應該是民眾真正地涉入的民主過程，而倡議達到結果的手段也應該與目的一樣重要。因此，相較於零基預算、計畫預算、績效預算等改革，重視公民涉入的參與式預算（participatory budgeting）便應運而生，由1989年的巴西愉港發軔之後擴展至全世界，迄今已超過2,500個城市與社區所採行。就民主價值而言，參與式預算的重心並不在於資源分配的多寡，而在過程之中的開放性（openness）與包容性（inclusiveness），前者是指資源分配資訊的公開與分配過程的透明；後者是指在地居民，特別是少數、弱勢、非主流團體的代表程度，以及在地居民感覺參與能夠影響資源配置的效能感（Rossmann and Shanahan, 2011: 56-58）。近年來，隨著全球化行政部門積極採用以追求效率和結果導向的新公共管理改革思潮，民眾逐漸發現其偏限並體認必需提升行政決策的民主導向（Brun-Martosa, and Lapsley, 2017: 1006-1008），因而參與式預算便成為我國最為矚目的公民參與模式。

　　2014年底臺北市長選舉期間，市長候選人在競選政見中提出了參與

---

[1]　本文之部分成果承蒙科技部研究計畫「族群政治對客家社會影響之研究：以制度安排為中心—客家文化重點發展區中行政機關推動參與式預算之微型政治研究」（MOST 108-2420-H-008-006-MY2）以及客委會研究計畫「建構公民參與取向之臺三線桃園市龍潭區段的客家社區治理：制度分析與發展的架構」（BSAS 202006096）之補助，筆者特別予以感謝。筆者也誠摯感謝國立台灣師範大學公民教育與活動領導學系曾冠球教授，以及兩位匿名審查人對於本文的悉心評論與建議，但一切文責仍由筆者自負。

式預算的想法。自2015年起，臺灣各直轄市開始積極推動參與式預算，新北市由各局處率先試行，而後在臺北市全區推動，接著桃園市、臺中市、高雄市等直轄市也陸續展開推動參與式預算的實驗。參與式預算遂在民選地方行政首長的主導下，於短短數年間出現了諸多試辦及實務推展案例（陳智勤、崔芳瑜、葉懿倫，2017），雖然實際所採用的操作各異、推陳出新，但大多數個案是由地方行政機關在特定社區之中主導參與式預算的規劃與執行。因此，我國現階段推動參與式預算可視為一種「政府強制／委任的」（government-mandated）公民參與（Buckwalter, 2014: 573），也就是民選地方行政首長指示基層行政機關（street-level bureaucracy）主動將審議之後的民意納入預算過程之中。

　　然而，當前我國地方政府推動參與式預算尚在初始階段且具備實驗性質，在過程之中亦產生諸多負面經驗，諸如既有權力結構中的政治行動者，認為自身權力被參與式預算所剝奪，進而阻礙此一預算分配機制的推動；公務人員欠缺對其核心精神的理解與支持，容易將參與式預算作為替預想政策「擦脂抹粉」的工具；在地居民普遍對公部門所推動的相關計畫抱持不信任的態度等等（葉欣怡、林祐聖，2017），大多與地方政府推動參與式預算的意願和能力，即官僚體系的承載力相關。由於參與式預算在各國之推動程序皆不相同，必須反映所在地之社會價值及民情特色，具備因地制宜之特性（許敏娟等，2017）。誠如蘇彩足所言：「由於參與式預算的目標和內涵含糊曖昧而不明確，因此能包容不同行動者的利益和想像，行動者可以在同一頂參與式預算的大帽子下，各取所需，各自實踐自己所擁抱的價值。」（2017：2）因此，公務人員是否了解參與式預算的精神理念和制度設計，是否願意支持並有足夠的能力來推動此一民主創新制度，對於參與式預算的生根茁壯影響極大，特別是實際負責推動參與式預算的基層行政機關中的基層官僚（street-level bureaucrat）及其表現出的官僚政治（bureaucratic politics）現象勢將扮演關鍵的角色。所謂基層官僚是指在工作當中必須與民眾直接互動，並且在執行計畫與政策之時具有實質裁量權的公職人員。基層官僚一方面作為公共利益與資源的提供

者來生產傳送公共服務；另一方面作爲公共秩序的維護者來限制甚至懲處民眾的機會與行爲。因此，基層官僚的作爲經常是政治爭議的焦點，他們必須面對民眾要求提升其效能性與回應性；也必須反映公民團體要求強化公共服務的效能感和效率性（Lipsky, 1980: 3-4）。因此，基層官僚所扮演的角色以及發揮的功能，經常得以讓他們實際上成爲「非正式的政策制定者」（informal policy maker）（Lipsky, 1980: 13-18）。

　　本文的研究目標是設計一組結合基層官僚的官僚政治現象以及委託人—代理人理論，作爲探析基層行政機關推動參與式預算的官僚政治模型；並選擇客庄作爲經驗質性研究場域，檢視基層官僚在不同模型之下，對於影響官僚政治現象之環境因素的觀感，提出推動參與式預算的政策制定以及制度選擇的建議。本文的基本命題爲地方政府提升參與式預算之開放性與包容性的關鍵要素，乃是所採用的官僚政治模型，以及基層官僚對於推動參與式預算場域之環境因素的感知與評價所構成的觀感架構（framework of perception）。準此，本文的研究問題有二：一、在客庄中基層官僚推動參與式預算所採用的是何種官僚政治模型？二、在客庄中基層官僚對於官僚政治模型之環境因素的觀感爲何？桃園市推動參與式預算的契機，主要源於民選行政首長支持年輕人在自己生活的城市國家中，扮演積極角色的理念（傅凱若，2019：115），兼具理想性、前瞻性與創新性的實務性質。在青年事務局啓動之後，再逐步讓其他市府局處與區公所辦理，因而率先投入的局處與區公所推動的成效具有示範性與指標性的意義。本文選定龍潭區、楊梅區客庄的行政機關均是推動初期投入的單位，而且兩者採用不同模式但同爲客家文化重點發展區，具有類似的族群網絡與文化特色，適可作爲官僚政治模型的比較基礎[2]。

---

2 本文匿名審查人提出本文的經驗研究場域：楊梅區與龍潭區的客庄推動參與式預算經驗，是否能類推其他客庄的基層官僚的研究限制。筆者認爲參與式預算的意涵本就相當模糊，僅具備發言權（voice）、投票（vote）、社會正義（justice）以及監督（oversight）等核心原則（Wampler, 2012），對於地方政府基層官僚衝擊亦不一致，難以產生共識性的定見。本文定位爲先導性（pilot）的研究，其研究場域以客庄爲限制；研究對象以桃園市特定行政機關中基層官僚爲範疇；研究標的也以基層官僚的感知與評價爲主，而非涉及參與式預算的成效。因而研究論述與推論將具一定程度的侷限性。

　　基層行政機關中的上級長官位處官僚體系的層級節制體系的中間地帶，一方面，他是控制承辦部屬工作的管理者，另一方面也是接觸民眾並接受各種場域訊息的判斷者，因而經常扮演守門員（gate-keeper）的角色（Hupe and Van Kooten, 2015）。本文深入訪談在客庄內基層行政機關的上級長官與承辦部屬，藉此了解基層官僚在客庄推動民主創新制度：參與式預算面臨的環境因素與觀感。本文選定桃園市龍潭區與楊梅區的兩個典型客庄作為研究場域，針對推動參與式預算的基層官僚進行深入訪談。訪談重心在於基層行政機關中的上級長官與承辦部屬在客庄中推動參與式預算採用的官僚政治模型，以及對於環境因素的感知與評價。

　　本文將分為以下各節依序論述：在第貳節中探析本文的核心概念：參與式預算與官僚政治，並闡述委託人—代理人理論在官僚政治現象的應用，作為本文的論述基礎；第參節進行本文的場域分析，提出推動參與式預算的官僚政治模型，並規劃本文的研究設計；第肆節展現根據官僚政治模型在研究場域之內進行經驗研究的發現；第伍節為結語，總結本文的理論論述與研究發現，並提出地方政府基層官僚在客庄推動參與式預算的建議。

貳、概念探討

　　本文的研究焦點是參與式預算的官僚政治現象，因而以下對此兩種概念的學術意涵進行探討。首先，探討參與式預算的意涵。近30年來參與式預算採取非常多元的形式，並沒有一個普遍接受的標準定義。廣義而言，Wampler（2007: 21）認為參與式預算是一種經由公民審議與協調政府預算的決策過程，通過參與式預算，公民獲得影響公共資源配置的決策機會。狹義而言，Goldfrank（2007: 92）則認為參與式預算是一種結合直接民主與間接民主，並經由審議（而非僅只諮詢）開放公民參與資源分配予一般民眾，包括弱勢者的過程，也是公民協定制定此過程的規則，

包括資源分配標準的自我管制活動。事實上，參與式預算是由公民方與政府方合力生產（co-production）的一種公共領域，包含了公共服務合力規劃（co-planning）與合力設計（co-design）兩個層面，前者是指政府方與利害關係人（例如一般民眾、社團、利益團體等）共同認明符合利害關係人需要的公共服務的合作與協調；後者是指政府方與公民方在生產與評估公共服務的決策過程中的互動（Barbera, Carmela, Mariafrancesca Sicilia and Ileana Steccolini, 2016: 27）。Nabatchi等學者進一步將公民方與政府方的合力生產公共服務的動態細分為四個階段：1.合力徵詢服務（co-commissioning）：主要動態為徵詢公民方的意向作為政府方未來規劃公共服務的依據；2.合力規劃設計（co-designing）：主要動態為公民方與政府方共同設計規劃當下或未來的公共服務；3.合力傳送執行（co-delivery）：主要動態為公民方與政府方共同執行當下的公共服務；4.合力監督評鑑（co-assessment）：主要動態為公民方監督評鑑過去政府方執行的公共服務（2017: 771-772）。質言之，參與式預算可視為在特定社區之內，地方政府與在地居民合力提出與公共資源配置之相關公共服務方案所進行的小型公民投票。

　　推動參與式預算的起點是建制一套完整的參與過程的策略計畫與行動，也就是訂定「遊戲規則」，諸如討論議題、分配資源標準、討論會議形式與次數等，然後就要決定什麼單位來制定此項「遊戲規則」，這是推動參與式預算的首要之務（Krenjova and Raudla, 2013: 22）。之後，Miller, Steven A., R. W. Hildreth, and LaShonda M. Stewart（2019）結合Sherry Arnstein的"A Ladder of Citizen Participation"（1969）以及Archon Fung的"Varieties of Participation in Complex Governance"（2006）兩篇有關公民參與的經典之作，發展出參與式預算的四項操作方式：

　　一、選擇參與者（participant selection）：操作重心在於決定誰來參與。參與者可以是有組織的公民團體，如社團、在地居民的結社，甚至可以完全開放所有公民來參與，這取決於選擇參與者的

方式，如自我選擇、標的徵集（targeted recruiting）、隨機取樣等。之後，就是由參與者中蒐集方案，可採取不同的機制，如公民會議、論壇、工作坊等，或不同的方法如直接參與、間接（線上）參與等，或不同的範疇如主題式、地區式（城市、社區）等。

二、溝通（communication）：操作重心在於在參與式預算過程中，公民方與政府方就方案的意見進行單向、雙向，甚至是審議式的溝通；溝通的主題可以包括由一般公共事務到特殊公共服務或計畫。

三、決策（decision making）：操作重心在於由民眾決定哪一個（些）方案被賦權而轉化為公共決策，公民社會（civil society）在其中扮演重要角色。賦權的層次可區分為：（一）選擇性傾聽（selective listening）：公民決定的方案僅是作為地方政府的諮詢意見；（二）實際決策能力（de-facto decision-making competence）：地方政府有義務正式核可公民決定的預算方案；（三）共同治理夥伴關係（co-governing partnership）：由地方政府決策者與公民社會的代表一起決定方案的內容。

四、公民權威（citizen authority）：操作重心在於一旦方案被公民決定之後，方案預算的執行便展現了公民影響政治情境的權威程度。從裝點門面（tokenism），即一般公民僅是被告知或被諮詢而不涉及權力重新分配，到間接影響方案執行、實質影響方案執行、法令規範方案執行等，由低而高顯示公民方或政府方實質地控制與監督方案預算執行的程度。

本文將參與式預算的操作模式與其中主要議題以表3-1示之。

表3-1　參與式預算的操作模式與問題

模式	議題
選擇參與者	如何選擇參與者？ 採用什麼類型的參與機制？ 公民如何參與？ 參與機制如何組成？
溝通	什麼是審議的對象？ 參與者如何溝通以及決策？
決策	公民社會扮演什麼角色？ 參與者的決策侷限政府的程度為何？
公民權威	誰來控制預算的執行？

資料來源：修改自Krenjova and Raudla (2013), pp. 23-24; Miller et al. (2019), pp. 1260-1270。

　　其次，探討官僚政治的意涵。官僚政治是在政府的行政部門之中個人與組織之間的「政治性」互動（Preston and Hart, 1999: 49）。在公共行政研究中，長久以來就主張構成政府的主體：公務人員所形成的官僚體系（bureaucracy，亦稱文官體制）具備自身的價值體系，也發展出獨特的行為模式。針對官僚政治現象進行學術研究，肇始於1960年Herbert Kaufman對於美國國家公園管理員的行政行為的經驗研究。其後，一系列官僚政治研究賦予了行政機關與常任文官之正面與負面的形象及理由。Charles T. Goodsell乃是正面的代表，在其一系列的著作之中，他提出了對於常任文官正向積極的詮釋（Ellison, 2011）。Goodsell（2011）主張常任文官所擁有高度一致性的價值體系是行政機關成功的基礎，而其價值體系乃是由邏輯一貫的觀念或法規所形成的專業知識與意識形態。常任文官將內化此種價值體系，來提供優質的公共服務，而成為充滿熱忱的政府雇員。不過，多數的官僚政治研究卻較傾向描繪行政機關及其常任文官的負面形象，並探討其成因及影響。

　　Graham T. Allison在經典著作《決策的本質：解釋古巴飛彈危機》（*Essence of Decision: Explaining the Cuban Missile Crisis*）一書中提出外交決策的官僚政治模型（bureaucratic politics model），開啓了官僚政

治研究的先河。該模型的基本假定為政府行動是由具有不同目標的行動者，彼此經由推拉（pulling and hauling）的政治運作所形成，可視為政治產物（political resultant）（1971: 144）。也就是說，政府的決策與行動之目的並不僅在於解決問題，而是在一群具有不同利益與影響力的官員在管制性制度之下，相互妥協、議價、衝突之中建立共識的結果（1971: 162）。相對於外交決策者在決策過程中將利益／價值極大化，或政府中各單位依照已經建立的決策標準作業程序，官僚政治模式更強調政府的決策乃是一群分享權力，但各自考慮本身利益／價值的官僚組織的政治決定。

深入言之，官僚政治操作定義的最核心特徵是一群利益與目標分歧且衝突的官僚行動者（bureaucratic actor），影響政策制定的過程與結果（Preston and Hart, 1999: 55）。Hammond（1986）認為政策制定就是官僚行動者之間一連串協商議價、建立聯盟以及彼此妥協的結果。Rosati（1981）則認為政策制定的決策結構（上級涉入決策過程的程度）與決策意涵（政策議題在外在環境中的性質定位）將決定政策制定的結果，因而他認為官僚政治現象最可能發生在中間層級的政策議題，因為中間層級的政策議題的特性是容許較多低階的官僚參與，也有更多的官僚活動者涉入決策過程。上述Allison的官僚政治模型排除了層級節制體制中基層官僚扮演的角色與發揮的功能。雖然基層官僚在正式的層級節制體制之中似乎缺乏明確的影響力，但是其行動鑲嵌於「在地理性」（local rationality）之中，反映出多元的專業規範、衝突的實踐過程、多重且對立的目標等，因而基層官僚在地方上實際推動的政策，可能並非是上級長官甚至組織的目標，而是追求自我的認同（Brower and Abolafia, 1997）。縱使基層官僚實際上為非正式的政策制定者，亦應為官僚政治中重要的官僚行動者。

Brehm和Gates（2015）認為官僚體系的本質是一種人際之間動態的、兩元的交易關係（dynamic and dyadic exchange），因而當代規範契約關係的委託人─代理人理論（principal-agent theory）將可提供非常有

效的啓發。根據本理論，代理關係是一個或一個以上的委託人，僱用並授權給另一個或一個以上之代理人，代其行使某些特定的行為，彼此間存在著契約關係。也就是說，代理關係是委託人將若干行使制定政策的權威授權（delegate to）代理人的行為模式（Jensen and Meckling, 1976: 308）。就授權在代議民主之中的意義而言，民主國家的選民一般很少直接行使制定政策的權威，而是將人民主權（popular sovereignty）經由授權的過程，委託給民選公職人員來制定政策，以及由常任文官所組成的官僚體系來執行政策（孫煒，2008：113）。

　　Max Weber認爲官僚體系的特徵是職位階層化的層級節制體系（hierarchy）。它是一套由上而下建立隸屬的系統，而整個結構則由頂端大權獨攬，發展而成。在此系統之中，各個部門所擔負的使命以及經常性活動，規定爲職位上的義務。Max Weber認爲官僚體系的層級節制特徵具備了準確、持久、迅速、可依賴、可預期等合理性（吳庚，1993：85）。然而，官僚體系的層級節制特徵卻也可能引發委託人─代理人之間關係的問題，包括：1.委託人與代理人的目標衝突；2.代理人比委託人擁有較多的資訊，即委託人與代理人之間的資訊不對稱。因此，委託人與代理人之間可能引發道德風險（moral hazard）與逆向選擇（adverse selection）的代理問題（Waterman and Meier, 1998）。

　　就官僚政治的角度，在當代公共治理典範之中，委託人─代理人理論至少可適用於三個層面：1.政務人員（委託人）與常任文官（代理人）之間的代理問題；2.官僚體系內部之上級長官（長官委託人，supervisor）與承辦部屬（部屬代理人，subordinate）之間的代理問題；3.契約委外中承辦部屬（委託人）與廠商（代理人）之間的代理問題。就政務人員與常任文官而言，常任文官被賦予依法行政的期待，各種公民參與和課責也迫使其必須自保，以免遭致無端的抱怨甚至懲處。因此，常任文官嚴格甚至僵化地遵守規則與程序，將有助於達成上述目的。相對地，政務人員爲達成選舉政見或任命的目標，則會力求創新與突破。但是，由於民主國家的憲政原理規範了政務人員與常任文官的正式關係，常任文官很少公開反對

政務人員設定的目標，然而常任文官可能透過混淆、拖延和善於運用規則、規定與程序用以阻撓（obstruct）政務人員，代理問題於焉形成（曾冠球、江明修，2010：14-16）。

　　就上級長官與承辦部屬而言，Brehm和Gates卻主張該理論有關委託人與代理人之間目標衝突與資訊不對稱，也不盡然可以完全適用於官僚體系內部之部屬與長官的關係。由於文官的永業性、公部門的法律保障、政策產出難以明確監督等諸多因素，部屬往往比私部門的員工擁有較大的空間用以抗拒長官訂定的紀律。因此，部屬與長官的互動應置於兩者之間價值的合致（converge），而非如同私部門中如何消弭委託人與代理人之間的歧異。此外，由於官僚體系的諸多特質如行政機關的整體「聲譽」、多重的層級節制體系造成多元的委託人與代理人、文官長期待在官僚體系內持續任職、學習他人經驗，甚至教導同儕等，也會提升長官與部屬在資訊上合致的可能（2015: 40）。深入言之，Carpenter和Krause認為權威（authority）是官僚體系中最核心的制度性邏輯，正式的權威賦予了長官限制、監督，甚至懲處部屬的法定基礎，此種委託人權威也確保了部屬必須採取行動來達成長官設定的目標，部屬也只能在長官給予部屬的有限裁量權限之內或基於政策專業來執行政策。然而，近年來官僚政治研究卻指出委託人的權威無法真正反映官僚體系的實際運作，在特定情境之下，長官所擁有者乃是「轉換型權威」（transactional authority），亦即部屬具有獨立的正當性以及管制權力，可以影響法令的執行結果，採用符合自身利益與價值的執行方式，甚至移轉立法的目標。也就是說，代理人的順服乃是基於委託人與代理人之間相互的或雙向的認可，不僅代理人要接受委託人的權威；委託人也要接受代理人的正當性。因此，即使長官運用正式機制來控制部屬的行為，部屬也可能採取行動抵銷其效力（2015: 18）。質言之，上述轉換型權威反映部屬與長官之間彼此交易與相互交換的非正式夥伴關係（Carpenter and Krause, 2015: 6-8）。

　　就契約委外中承辦部屬與廠商而言，由於政府契約委外的本質，是政府將若干決策權威授權予廠商，承辦部屬負責針對廠商執行契約進行

督導與課責，可能面臨兩種問題：1.簽約之前的投機行為（precontractual opportunism）：因為政府與廠商的資訊並不對稱，而廠商往往比政府更具專業性。廠商可能利用資訊的優勢，而產生政府在簽約之初，購買了較低品質之財貨與服務的逆向選擇問題；2.簽約之後的投機行為（post-contractual opportunism）：政府與廠商往往具有不同的目標與利益。一旦簽約之後，廠商可能追求自身而非契約（政府）目標的道德風險問題（Van Slyke, 2007: 162）。因此，在當代契約委外已成為推動政策的主要政策工具的公共治理典範中，承辦部屬的角色與職能非常重要，值得深入探究。

在官僚政治研究之中，基層官僚被視為影響政策結果的重要角色，因為他們乃是公共政策的實際執行者（Maynard-Moody and Musheno, 2000; Brodkin, 2012）。由於基層官僚具有三種特性：1.他們與公民直接接觸；2.他們實際操作並提供公共服務；3.他們具備執行工作所必要的專業知識與技能訓練。因此，基層官僚不僅本身擁有裁量權，他們也是政策的共同制定者（policy co-worker）（Hupe, Hill and Buffat, 2015: 16）。也就是說，基層官僚不僅需要理解政策的內在意涵，也應能夠履行政策的外在形式。可說是基層官僚感知並實現了（realize）民選行政首長的政策指示。深入言之，政策執行不僅是單純將政策轉化為行動而已，因為政策大多並非是明確表達的計畫（articulated plan）（Bardach, 1980: 139），需經由基層官僚依據執行環境之中各種「狀況」（contingency）予以重新詮釋、調整與實踐，而狀況來自於議員、居民代表、政策當事人、利益團體等利害關係人之間的互動（Lee, 2012: 691）。政策目標與政策執行之間的落差甚至政策失敗，皆部分歸因於基層官僚與上述利害關係人的協調與商議（Erasmus, 2014: iii71）。因此，基層官僚執行公共政策是一種充斥著高度政治性、發展性以及特別性的過程（Majone and Wildavsky, 1979）。

基層官僚也會形成作為或刻意地不作為來抗拒、反對、迴避行政機關既定的規則、角色或慣例的現象。由於基層官僚在層級節制體系之中屬

於較弱勢的一方，他們可能不會追求行政機關的特定政策目標，而是致力於某些「另類的」（out-of-bounds）或「即興的」（improvisational）做法來強化自我認同與自利。他們的行為可能在上級看來並非全然合理，但其堅持是基於「在地理性」。也就是說，基層官僚的偏好與行事規則乃是基於在地文化的非正式慣例與實踐，這些在地理性的做法反映出基層官僚專業的差異性、過程的衝突性，甚至與行政機關目標發生矛盾等現象（Brower and Abolafla, 1997）。

參、場域分析、推動模型與研究設計

　　本文探討桃園市政府推動公民參與之民主創新模式：參與式預算，並選定南桃園客家文化重點發展區：楊梅區與龍潭區之基層行政機關的基層官僚為經驗研究標的，而推動公民參與的成效與場域的環境特性息息相關。本文採取個案研究，所謂個案研究是試圖針對一個單位（unit）的深入研究，尋求多個單位的通則方法（Gerring, 2004）。本文運用地方政府在客庄中推動參與式預算作為個案選擇之標準，原因有三：1.參與式預算是當前我國推動諸多公民參與模式之中，進行審議、政策影響以及制度化程度最高者，且皆在直轄市之內推動，此與直轄市在地居民的政治意識、經濟條件、社會網絡、文化水平，相較一般地方政府為高息息相關，因為直轄市的民選行政首長認為在地居民較易由其中培養公民意識，進而提升政治參與度以及效能感。然而，即使地處直轄市之內，客庄的刻板印象卻與直轄市在地居民上述特徵似有差距，因而個案選擇可以檢視參與式預算的「理論反常性」（theoretical anomaly）（Seawright and Gerring, 2008: 302）；2.我國客家研究的主要議題之一在於探求客家族群在當前民主社會中的公民意識的形成與展現（張維安、謝世宗、劉瑞超，2019：167-191），而在客庄中推動參與式預算正是深入觀察剖析客家族群之公民意識的適當案例；3.近年我國在客家行政與法制方面的積極施

政，包括客家基本法的制定與修正、客家族群代表性行政機關的設置、客家文化重點發展區的規劃與落實等，但是上述施政仍然是在我國既定的行政架構之下運作，特別是在客庄之中與客家鄉親直接接觸的基層官僚的心態與行為，是否符合客庄的特性頗值細究。

就個案選擇的方法論而言，個案研究應該突顯較大母體的特徵，被選擇之個案的代表性乃是最主要的考量。然而，我國推動參與式預算仍在萌芽階段，可能尚未形成一定規模的母體。個案選擇應有目的性，在客庄中推動參與式預算並不是具代表性的典型個案，而可視為「歧異性個案」（diverse case）。由個案之中若干層面的變異性，提供探索性（提出假設）與確認性（驗證假設）的經驗資料（Seawright and Gerring, 2008: 300），作為未來建構具備我國特色的公民參與理論架構的奠基工程，因而歧異個案的場域背景非常關鍵。以下將簡述楊梅區與龍潭區的族群、社會、經濟等脈絡，並分析近年來桃園市推動參與式預算採用的模式。

就族群屬性而言，客家委員會於2016年進行的全國客家人口暨語言調查研究報告顯示，全桃園市客家人口有853,500人，占全桃園市人口2,105,800人的40.53%[3]。就族群分布而言，桃園市是「南客北閩」。在農業社會時期，客家族群聚集在一起同住的情況相當普遍。客家族群重視血緣關係，此種社會型態就逐漸成形，並深刻地影響了桃園南區客家族群的社會結構（羅烈師、莊英章，2007：103）。近年來進入工商社會，開始出現小家庭，以往群居、共同生產的生活方式有了大幅度的改變，帶動社會結構和經濟型態產生演變。

桃園市現有8個客家文化重點發展區的開發時間大多在清康熙、乾隆時期，一些務農的傳統地區逐漸轉變成為工商地區，其中龍潭區、楊梅區是工商中度開發地區，乃是介於工商和農業發展的區域。在清領至日治時期，人口主要以客家族群為多，但是近年來由於楊梅區與龍潭區設置軍事機構，例如在龍潭區設立中科院，以及陸軍總部從臺北市南遷到龍潭區，

---

[3] 客家委員會105年度全國客家人口暨語言調查研究報告。

加上原有特戰總隊等軍事單位，其眷屬隨後也開始搬遷到龍潭區。上述趨勢對於楊梅區的影響雖然沒有那麼大，但也有楊梅埔心地區的眷村和零星比較小的外省族群所群居的小新村，這除了與楊梅高山頂地區部隊有關之外，也因楊梅有較多山坡地可開發和地理環境等因素所致，這也讓外省族群和少部分新住民族群開始有機會影響公民參與（江明修、丘尚英，2010）。也就是說，楊梅區與龍潭區的社會結構和經濟型態，長期以來由純粹客家地區變遷成為多元族群共居的地區，對於公民參與的推動方式及其效果有相當大的衝擊。此外，桃園市在2014年底甫升格為直轄市，乃是一新興都會，與經濟社會文化高度發展的傳統都會如臺北市相較，其公民意識的強度及公民社會的力量仍低，尤以地處桃園市邊陲的楊梅區與龍潭區為然。

　　當前我國地方政府推動參與式預算可分為以下三種模式：議員建議款模式、委外模式，以及機關自辦模式（蘇彩足，2017：4）。由於本文採用桃園市楊梅區與龍潭區推動參與式預算作為經驗研究對象，有必要對其進行探討。就預算類型而言，桃園市推動的參與式預算是「議題型特定用途預算」，即以個別行政機關（包括市政府各局處以及區公所等）既有且特定用途之預算作為公民參與之標的，因而與現行預算程序以及立法機關的預算監督權限關係不大。就推動主體而言，桃園市政府賦予各局處以及區公所較大彈性，可以採用上述「機關自辦模式」，將自己的一部分業務，納入公民參與的機制，由行政機關本身將一部分預算額度或計畫交由（特定地區或特定類型的）住民提案、審議、投票；亦可採用上述「委外模式」，即行政機關透過勞務採購之方式，將參與式預算之執行業務委外予民間專業團隊執行，而此專業團隊可能是非營利組織、學術機構，甚至是營利性質廠商。因此，桃園市推動參與式預算主要由行政機關本身主導，由市政府特定局處以及區公所直接推動參與式預算，或運用政府採購流程委託某個非營利組織或大專院校團隊來執行公務預算等兩種模式。

　　基於上述兩種模式之中委託人與代理人關係的特性，本文將研究焦點凝聚在影響兩類基層官僚：基層行政機關的上級長官以及承辦部屬的官僚

政治現象，發展出基層官僚推動參與式預算的兩種模型：

一、機關自辦模型

　　在本模型之中，代理關係主要展現在基層行政機關的上級長官與承辦部屬之間；委託人是上級長官，其根據民選行政首長的政策，指示承辦部屬推動參與式預算；代理人是承辦部屬，由其設計各種參與式預算的操作模式，並直接在與居民的互動中予以實踐。此種模式的公私互動關係可由圖3-1表示：

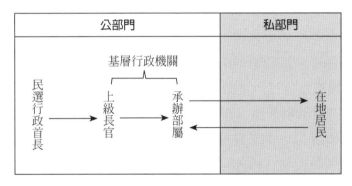

圖3-1　機關自辦參與式預算之官僚政治模型

資料來源：本文繪製。

二、委外模型

　　在本模型之中，具有雙重的代理關係，第一層主要表現在基層行政機關的上級長官與承辦部屬之間；委託人是上級長官，其根據民選行政首長的政策，指示承辦部屬推動參與式預算；代理人是承辦部屬。第一層主要表現在承辦部屬與廠商之間，也就是說，承辦部屬對於廠商而言是委託人，廠商則是代理人，由廠商設計各種參與式預算的操作模式，並直接在與居民的互動中予以實踐，承辦部屬則在委外過程中督導廠商執行參與式預算。此種模式的公私互動關係可由圖3-2表示：

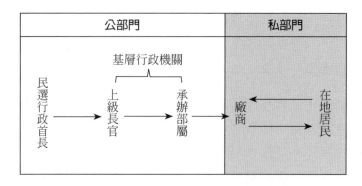

圖3-2　委外推動參與式預算之官僚政治模型

資料來源：本文繪製。

　　本文採用質化研究途徑，運用訪談研究法來蒐集經驗資料，研究期間開始自2018年2月至2019年11月止，運用半結構式訪談題綱來蒐集桃園市龍潭區與楊梅區客庄內推動參與式預算的基層官僚，包括基層行政機關中的上級長官與承辦部屬；基層行政機關包含桃園市的特定局處以及區公所（請參見附錄）。本文探尋這些行政機關中的上級長官（以代碼PS表示）與承辦部屬（以代碼AS表示）對於客庄中推動參與式預算採用不同官僚政治模型之環境因素的感知與評價。

肆、研究發現

　　本文聚焦於推動參與式預算場域的環境因素之中，有關資源情境、政治動態、族群特性三個重要層面，探討基層官僚在兩種官僚政治模型之下的觀感。

一、資源情境

（一）機關自辦模型

採用自辦模型的基層行政機關的承辦部屬與上級長官均面臨專業、經費以及時間等資源不足的窘境，但在民選行政首長的政策指示之下，被動地嘗試推動規模較小的參與式預算作爲試點，基層官僚的態度相當負面消極。

一位承辦部屬表示：

我們局沒有經驗，然後人力也不夠的話，所以就從一個性質比較單純的議題開始做起……他們都是派給新來的高考科員來做，但我這邊業務量已經無法負荷，而且全部都只有交給我這個承辦人去做，主管又因爲時間太忙，沒有時間好好地聽我報告，我覺得他們對參與式預算這個東西其實是一知半解，上級是有請這個領域有研究的年輕老師過來，但是我覺得老師說的與上級要的不一樣……老實說，我從頭到尾都沒有成就感。（訪談對象AS1）

一位上級長官表示：

桃園市政府剛升格，整個參與式預算也是剛起步，我們也是參考臺北市政府所推動的參與式預算，桃園市也是被設定需要做一個參與式預算的案子，於是就先以本局附近的一個小公園的閒置空間先來執行。我們先以一個較小範圍的案例來執行，錢也不是很多，大家都是生手也都在摸索，我們就是邊做邊學。（訪談對象PS1）

（二）委外模型

相較而言，採用委外模式的基層行政機關的上級長官肯認民選行政首長提出推動參與式預算的理念，也能體會在其支持之下，推動經費可以由

上而下匡列；承辦部屬除了具有長期推動的心理準備，還會運用現有特定地方經費補助來推動參與式預算，態度也相當正向樂觀。然而，前提是必須與具備專業知識的民間廠商協力，以補強其在專業與人力上的不足。

承辦部屬表示：

此次推動參與式預算經費由局裡面專款專用……我覺得參與式預算是公民參與很指標性的項目之一，所以那時候是滿開心的。（訪談對象AS2）

原本民政局就有補助50萬小型工程款給里辦公處，里辦公處每年都會提案給民政課，我就會向區長請示我們要選哪個案子適合作爲參與式預算……民政局說如果這個案子公所決定是參與式預算，那這個案子就一定給予補助，所以經費不是問題……確實大部分是靠廠商的協助才完成的，但其實現在因爲公務人員都是很忙的狀態，要他們抽出這麼多的人力及時間，在沒有廠商的協助下去做參與式預算，很難做得到，老實說以我現在課內的人手很困難。（訪談對象AS4）

上級長官表示：

在制度面上面我覺得是市長支持的，如果沒有市長的要求，那研考會就不會去提醒大家每個局處都應該要提案，所以就經費的層次上來講，勢必是要有首長的支持，那大家才會去推動參與式預算。（訪談對象PS2）

有些重大工程的經費原本是下放在區公所，但市長上任將其編列在市政府，譬如工務局、農業局等等……這就使市長能夠有更多資源實現他的理念。（訪談對象PS3）

二、政治動態

（一）機關自辦模型

採用自辦模型的基層行政機關的上級長官與承辦部屬傾向於被動地聽任里長、議員或地方社會政治結構影響參與式預算，但也由於參與人數不足與方案缺乏吸引力，上級長官與承辦部屬之間產生相當程度的代理問題，上級長官認為承辦部屬的表現未如預期，而承辦部屬也無法完全動員在地居民而認為上級長官的預設目標過高，因此備受挫折。

一位承辦部屬表示：

參與式預算的主角還是里長，但是其實沒有特別動員，最後提案的大部分都是龍潭高中的學生，然後還有其他龍潭高中的家長也有參與……上級覺得很失敗，因為參與的人數不夠多，然後宣傳的時間不夠長，然後還有上級覺得我們定的這個議題不夠有亮點。（訪談對象AS1）

一位上級長官表示：

有一些議員或里長，而里長背後或許有些顏色，譬如說偏藍或是偏綠，他想要做的案子，他就會動員一些人來投票，會有這種情形。（訪談對象PS1）

（二）委外模型

採用委外模型的基層行政機關的承辦部屬體察出現存的社會政治結構之中，具有動員在地居民加入參與式預算的里長與社區發展協會理事長的政治關係，乃是影響其成效的關鍵因素，如果其中有不同派系的運作就可能不利於推動參與式預算。然而，上級長官反而認為參與式預算之類的公民參與是可超越地方既存的派系結構，真正地由下而上反映在地居民的需求與意見，而予以參與式預算相當積極正面的感知與評價。

承辦部屬表示：

地方上其實一開始是不支持的，但是後來因爲各里各區會比較，因爲當時接近選舉，所以議員都會到，後來他們就比較積極……但里長及社區發展協會理事長如果有不同的理念時，在各活動進行時就會有王不見王的排擠現象……兩人同時要選里長，最後一個當選里長，另一個擔任社區發展協會，就是因爲這樣而有摩擦，跟黨派沒有太大的關係。（訪談對象AS3）

如果你用參與式預算去做的話，有的里長可以接受大家的觀點，但有的里長他反而不行，不行的原因其中有一個最大的原因，因爲里上會有派系的不一樣，這個里長不管要做什麼就是有人會反對……回歸到原本參與式預算的理念是很好，但是如果地方上這個社區有派系的爭鬥，就很麻煩了。（訪談對象AS4）

一位上級長官表示：

老實說楊梅這幾個地方確實有派系，這個客庄是比較鄉村的派系。派系從中央的民意代表到市議員的層次到里長到社團，真的都有不同的派系，但是討論公共議題就真的可以超越派系，而且討論的方式如果都是以公民爲主體，我覺得每個人有機會可以發言。如果只聽社團那的負責人會認爲我就代表後面的社團，但每個公民他個人的意見反而是可以有機會來凝結及呈現，我覺得這是一個很好的角度。（訪談對象PS3）

三、族群特性

（一）機關自辦模型

採用自辦模型的基層行政機關的承辦部屬由於無法有效動員在地居

民，只好邀請當地高中學生及家長作為替代（proxy），參與方案的設計與審議，再由里長發動在地居民投票，自然無法反映當地的族群特性。另一方面，上級長官面對在地居民時也會注意族群多元性，主張公民參與應該超越特定族群的觀點，方能盡量含納在地多樣的聲音與需求。

　　一位承辦部屬表示：

　　實際參與的是龍潭高中造園科的同學，因為在前期的時候就透過老師去做聯絡，他們說他們學生與家長很有興趣參與。我們在龍潭高中裡面辦參與式預算，所以四個案子是高中生提出來的，並沒有太多的族群因素。（訪談對象AS1）

　　一位上級長官表示：

　　一開始面對客家鄉親，我當然是用客家語言跟他溝通，因為用客家語可以拉近彼此的距離，這樣談的問題就會比較相近，當然以客家語談下去談的就是與客家相關，但參與式預算並不能分客家與非客家，舉例龍潭雖是客庄，但仍有許多族群在內，另外像楊梅約有70%客家鄉親，我用客家語發言時，馬上就有民眾反應聽不懂，反而失禮了，若真要營造客語環境的參與式預算，我覺得不是很恰當。（訪談對象PS1）

（二）委外模型

　　採用委外模型的基層官僚比較考量客庄的族群特性與社會經濟條件。由於客庄中大多數居民務農，年齡偏高且社經與文化程度較低，承辦部屬會與廠商事先設計一些替選方案，引導一些不擅言詞表達的在地居民做出選擇，也會鼓勵在地青年自行提案。上級長官則強調參與式預算必需回應非都會高齡人口對公務事務涉入較低的地區，設計更特殊的「選擇參與者」、「溝通」等模式，方能在典型客庄之中發揮參與式預算的價值。

　　一位承辦部屬表示：

　　這個客庄是一個比較沒有聲音的一個地方，相較之下他們比較不習慣說出自己的想法，所以我們很努力於引導他們說出自己的想法，政府是否能給居民一些選項，因為有了選項給了一些方案後，居民就較有選擇性，若居民有其他方案我們亦將會納入並做討論。（訪談對象AS2）

　　一位上級長官表示：

　　我個人覺得參與式預算跟客家地區的關聯性沒這麼強，反而與是否鄉村型的地區有關，首先那裡不是那麼都會，而且年輕人比例沒那麼高，中老年人及從事農業的比例較高，一般鄉村型的社區在關心公共事務的機會，比都會型社區來得少。（訪談對象PS3）

　　一位長期在楊梅區與龍潭區致力於客家文化傳承的文史工作者，相當直接地表達他對於客家族群的看法：

　　客家人對於公共利益的興趣不高，公共性較低……所以客家族群在臺灣的發展史上越來越弱，臺灣客家人將近500萬，但平常聽不見客家人的聲音……好聽的叫融合性很強，不好聽的話叫做被融合性也很強。（訪談對象LHW）

伍、結語

　　基於上述研究發現，本文提出理論層面以及實務層面的詮釋。在理論層面，根據委託人─代理人理論的論述，在層級節制的官僚體系之中，地方政府的民選行政首長是委託人，基於政見理念發布政策指示；基層官僚為代理人，將根據政策指示執行政策，並具體操作於政策場域之中。然而，官僚政治理論卻較少處理基層官僚對於官僚體系的順從或忠誠，

而較注意基層官僚將根據工作環境的各項變數以及自身的政策偏好與專業知識，運用裁量權形成非正式的組織常規（informed organizational routines），來重新形塑政策（Brodkin, 2011: i199）。由本文的個案研究予以觀察，無論是機關自辦模型或委外模型，委託人─代理人理論並不能完全解釋基層官僚在實際場域的操作參與式預算，甚至也未必符合官僚體系的層級節制特徵，特別是承辦部屬會根據實際場域中環境因素來感知與評價上級的政策指示，並調整操作方式予以重新定位，甚至詮釋政策指示以完成任務。

　　在實務層面，參與式預算的實際操作可視為由在地居民經審議之後所形成的提案（initiative），再經票選決定方案（proposal），後由基層官僚執行具備該項方案特質的預算計畫的動態過程。就前述合力生產的角度而言，如果採用基層行政機關自行辦理模型，基層官僚在合力徵詢服務以及合力規劃設計階段，便涉入在地居民參與和審議程序，可在其中判斷各種提案的可行性，並影響在地居民決定方案，因而勢必提升將方案落實為計畫的執行可行性。相較來說，如果採用委外模型，在合力徵詢服務以及合力規劃設計階段皆由民間廠商代理基層官僚與在地居民互動，則降低了傳送執行階段的可行性，也就是說，基層官僚可能以在地居民票選決定的方案違背專業知識、超出預算規模、跨越行政權限種種「窒礙難行」為理由，而拒不執行。但是，本文的研究發現卻顯示：現今在桃園市客庄採用基層行政機關自辦以及委外兩種推動參與式預算模型，但是基層行政機關缺乏在客庄自辦參與式預算的量能，基層官僚囿於專業與資源的不足，僅能依循原來的計畫經費，並在既定的社會政治結構之中，選定參與式預算的議題，也沒有充分考量客家族群的特性來設計參與式預算的操作。大多數參與的年長客家鄉親無法理解參與式預算的意義與價值，只能進行單純的政策溝通，無法達成提升公民意識的效能，甚至成為社會政治動員的場域。相對而言，採用委外模式的基層行政機關的經費較為充裕，而且在民選行政首長支持參與式預算的政策指示之下，較可超越原有場域的社會政治勢力，在推動參與式預算過程之中展現由下而上的在地居民意見。

　　然而，Moe（1987）認為契約委外有諸多侷限，可能有違國家主權的不可分割性、弱化憲政民主的政治課責原則、引發貪腐疑慮等基本問題。此外，參與式預算的核心效能應該是提升公共服務的品質並確保回應在地居民的需求，然而，委外模式之中廠商的目標可能較集中在符合契約中工作項目的要求，而不易涉及民眾賦權或計畫品質。因此，委外模式在廠商有意和無意的操作下往往較偏重對於社區現有計畫或工程的補強調整或修正而不致影響政策的規劃與貢獻，這也不利於參與式預算的實質民主貢獻（Amirkhanyan and Lambright, 2017）。本文也觀察到委外模式在形式上增加了基層官僚與在地居民之間直接接觸的隔閡，而廠商無論是營利企業或非營利組織，最關心的目標還是獲得未來的政府契約，往往無法與政府一般重視公共價值與保障民眾的權益，因而契約模式能否符合民主行政（democratic administration）的精神值得深究。

　　深入言之，當前我國推動參與式預算的場域皆在直轄市之內，然在我國都會之中仍具有「鄉鎮」性質的社區，其社會、經濟、文化、政治的背景與典型都會社區存在巨大的條件落差，卻需適用同一套政策設計，是否合宜，頗值得地方政府民選首長深思，特別是現今在直轄市中的客庄具有獨特性，諸如農業取向的生活方式、中高年齡的人口結構、保守內斂的族群性格、綿密複雜的宗親關係等種種場域因素，皆可能影響地方政府推動公民參與。由於官僚政治現象的核心意涵是基層官僚才是實際的政策制定者，尤其是當基層官僚接到參與式預算此種具有抽象價值但意涵模糊的政策指示時，實際接觸在地居民的推動裁量空間非常寬闊，特別是在具備農村性質的客庄中實踐公民參與，必須在本身具有的資源條件、在地政治形勢、客家族群特性等各項複雜的因素之中尋求平衡。尤其是強調經由審議決定公共資源配置的參與式預算的成效，需要地方政府的基層官僚運用更專業的公民參與訓練以及更深化的草根實踐，結合在地知識與族群特性，來提升公民參與的開放性與包容性。整體而言，在客庄推動客庄的開放性與包容性低於都會地區，基層官僚需要更多的資源與強力的上層支持，以及民間專業廠商的協力之下，方能達成參與式預算的使命。

附錄

受訪者一覽表

代號	位階	所屬單位	時間	模式
PS1	上級主管	市政府局處	2019/8/28	自辦
PS2	上級主管	市政府局處	2018/2/8	委外
PS3	上級主管	區公所	2019/10/21	委外
AS1	承辦部屬	市政府局處	2018/4/24	自辦
AS2	承辦部屬	市政府局處	2019/11/14	委外
AS3	承辦部屬	區公所	2019/8/28	委外
AS4	承辦部屬	區公所	2019/9/23	委外
LHW	地方文史工作者	-	2020/1/22	-

參考文獻

一、中文部分

江明修、丘尚英（2010）。戰後臺灣客家政治發展：以桃園客家地區為例。載於江明修（編）。臺灣客家研究導論（19-40）。臺北：智勝。

吳庚（1993）。韋伯的政治理論及其哲學基礎。臺北：聯經。

孫煒（2008）。民主國家獨立機關的創建理由與制度定位：兼論對於我國政府改造的啟示。行政暨政策學報，46，107-150。

張維安、謝世宗、劉瑞超（2019）。承蒙：客家臺灣・臺灣客家。臺北：聯經。

許敏娟、黃琬瑜、曾丰彥、林德芳（2017年11月）。推動臺北市參與式預算：程序與實踐的觀點。2017年社會暨公共事務學術研討會：永續發展與公共治理，臺北：臺北市立大學社會暨公共事務學系。

陳智勤、崔芳瑜、葉懿倫（2017）。臺灣參與式預算關鍵報告。臺北：財團法人青平臺基金會（線上公開版PDF）。

傅凱若（2019）。民主創新與公共價值創造的實踐—以臺灣都會區參與式預算為例。臺灣民主季刊，16（4），93-141。

曾冠球、江明修（2010）。跨機關合作中的政治與官僚辯證：「行政團隊」與「首長間信任建立」之意涵與困局。國家與社會，8，1-46。

葉欣怡、林祐聖（2017）。參與式預算的臺灣實踐經驗：以三峽區的身心障礙者就業促進方案試辦計畫為例。民主與治理，4（1），69-95。

羅烈師、莊英章（2007）。臺灣客家研究討論—家族與宗族篇。載於徐正光（編），臺灣客家研究導論（91-110）。臺北：行政院客家委員會。

蘇彩足（2017）。公部門推動參與式預算之經驗與省思。文官制度季刊，9（2），1-22。

二、外文部分

Allison, Graham. T. (1971). *Essence of Decision: Explaining the Cuban Missile Crisis.* Boston: Little, Brown.

Amirkhanyan, Anna A. and Kristina T. Lambright (2017). *Citizen Participation in the Age of Contracting: When Service Delivery Trumps Democracy.* New York: Routledge.

Arnstein, Sherry R. (1969). A Ladder of Citizen Participation. *Journal of the American Institute of Planners*, 35, 216-224.

Barbera, Carmela, Mariafrancesca Sicilia and Ileana Steccolini (2016). The Participatory Budgeting as a Form of Co-production. In Mariagrazia Fugini, Enrico Bracci, and Mariafrancesca Sicilia (Eds.), *Co-production in the Public Sector Experiences and Challenges* (pp. 27-39). Cham: Springer International Publishing.

Bardach, Eugene (1980). On Designing Implementable Programs. In Giandomenico Majone and Edward S. Quade (Eds.), *Pitfalls of Analysis* (pp. 138-158). New York, NY, Wiley.

Brehm, John and Scott Gates (2015). Bureaucratic Politics Arising From, Not Defined by, a Principal-Agency Dyad. *Journal of Public Administration Research and Theory*, 25(1), 27-42.

Brodkin, Evelyn Z. (2011). Putting Street-Level Organizations First: New Directions for Social Policy and Management Research. *Journal of Public Administration Research and Theory*, 21, i199-i201.

Brodkin, Evelyn Z. (2012). Reflections on Street-Level Bureaucracy: Past, Present, and Future. *Public Administration Review*, 72(6), 940-949.

Brower, Ralph S. and Mitchel Y. Abolafla (1997). Bureaucratic Politics: The View from Below. *Journal of Public Administration Research and Theory*, 7(2), 305-331.

Brun-Martosa, Maria Isabel and Irvine Lapsley (2017). Democracy, Governmentality and Transparency: Participatory Budgeting in Action. *Public Management Review*, 19(7), 1006-1021.

Buckwalter, Neal D. (2014). The Potential for Public Empowerment through Government-Organized Participation. *Public Administration Review*, 74(5), 573-584.

Carpenter, Daniel and George A. Krause (2015). Transactional Authority and Bureaucratic Politics. *Journal of Public Administration Research and Theory*, 25(1), 5-25.

Ellison, Brian A. (2011). New Thinking about Bureaucratic Politics. *Public Administration Review*, 71(6), 945-947.

Erasmus, Ermin (2014). The Use of Street-level Bureaucracy Theory in Health Policy Analysis in Low- and Middle-income Countries: A Meta-ethnographic Synthesis. *Health Policy and Planning*, 29, iii70-iii78.

Fung, Archon (2006). Varieties of Participation in Complex Governance. *Public Administration Review*, 66, 66-75.

Gerring, John (2004). What Is a Case Study and What Is It Good for? *The American Political Science Review*, 98(2), 341-354.

Goldfrank, Benjamin (2007). Lessons from Latin American Experience in Participatory Budgeting. In Aanwar Shah (Ed.), *Participatory Budgeting* (pp. 91-126). Washington, DC: The World Bank.

Goodsell, Charles T. (2011). *Mission Mystique: Belief Systems in Public Agencies.* Sage: Washington, DC.

Hammond, Thomas H. (1986). Agenda Control, Organizational Structure, and Bureaucratic Politics. *American Journal of Political Science*, 30(2), 379-420.

Hood, Christopher C. (1976). *The Limits of Administration.* London: John Wiley and Sons.

Hupe, Peter, Eva van Kooten (2015). First-line Supervisors as Gate-Keepers: Rule Processing by Head Teachers. In Peter Hupe, Michael Hill and Aurélien Buffat (Eds.), *Understanding Street-level Bureaucracy* (pp. 227-241). Bristol: Policy Press.

Hupe, Peter, Michael Hill and Aurélien Buffat (2015). Introduction: Defining and Understanding Street-level Bureaucracy. In Peter Hupe, Michael Hill and Aurélien Buffat (Eds.), *Understanding Street-level Bureaucracy* (pp. 3-24). Bristol: Policy Press.

Jensen, Michael. C. and William. H. Meckling (1976). Theory of the Firm: Managerial Behavior, Agency Costs and Ownership Structure. *Journal of Financial Economics*, 3, 305-360.

Kaufman, Herbert (1960). *The Forest Ranger: A Study in Administrative Behavior.* Washington, DC: Resources for the Future.

Krenjova, Jelizaveta and Ringa Raudla (2013). Participatory Budgeting at the Local Level: Challenges and Opportunities for New Democracies. *Halduskultuur-Administrative Culture*, 14(1), 18-46.

Lee, Jongkon (2012). The Administrative Broker: Bureaucratic Politics in the Era of Prevalent Information. *American Review of Public Administration*, 43(6), 690-708.

Lipsky, Michael (1980). *Street-Level Bureaucracy: Dilemmas of the Individual in Public Services.* New York: Russell Sage Foundation.

Majone, Giandomenico and Aaron Wildavsky (1979). Implementation as Evolution. In Jeffery L. Pressman and Aaron Wildavsky (Eds.), *Implementation* (2nd ed., pp. 177-194). Berkeley: University of California Press.

Maynard-Moody, Steven and Michael Musheno (2000). State Agent or Citizen Agent: Two Narratives of Discretion. *Journal of Public Administration Research and Theory*, 10, 329-358.

Miller, Steven A., R. W. Hildreth and LaShonda M. Stewart (2019). The Modes of Participation: A Revised Frame for Identifying and Analyzing Participatory Budgeting Practices. *Administration & Society*, 51(8), 1254-1281.

Moe, Ronald C. (1987). Exploring the Limits of Privatization. *Public Administration Review*, 47(6), 453-460.

Nabatchi, Tina, Alessandro Sancino and Mariafrancesca Sicilia (2017). Varieties of Participation in Public Services: The Who, When, and What of Coproduction. *Public Administration Review*, 77(5), 766-776.

Preston, Thomas and Paul't Hart (1999). Understanding and Evaluating Bureaucratic Politics: The Nexus Between Political Leaders and Advisory Systems. *Political Psychology*, 20(1), 49-98.

Rosati, Jerel A. (1981). Developing a Systematic Decision-Making Framework: Bureaucratic Politics in Perspective. *World Politics*, 33(2), 234-252.

Rossmann, Doralyn and Elizabeth A. Shanahan (2011). Defining and Achieving Normative Democratic Values in Participatory Budgeting Processes. *Public Administration Review*, 72(Iss1), 56-66.

Seawright, Jason and John Gerring (2008). Case Selection Techniques in Case Study Research: A Menu of Qualitative and Quantitative Options. *Political Research Quarterly*, 61(2), 294-308.

Van Slyke, David M. (2007). Agents or Stewards: Using Theory to Understand the Government-Nonprofit Social Service Contracting Relationship. *Journal of Public Administration Research and Theory*, 17, 157-187.

Wampler, Brian (2007). A Guide to Participatory Budgeting. In Anwar Shan (Ed.), *Participatory Budgeting* (pp. 21-54). Washington, DC: The World Bank.

Wampler, Brian (2012). Participatory Budgeting: Core Principles and Key Impacts. *Jour-

nal of Public Deliberation, 8(12), Article 12.

Waterman, Richard W. and Kenneth J. Meier (1998). Principal-Agent Models: An Expansion? *Journal of Public Administration Research and Theory*, 8, 173-202.

第四章 區域合作（桃園）社區層級觀察 —以德國LEADER-Eifel Region為例

劉小蘭

壹、前言

　　大多數的客家文化重點發展區座落在鄉村地區（rural areas），因此，以鄉村發展為立場的策略思考可運用到2018年1月修正（客家基本法第8條）「政府應積極鼓勵直轄市、縣（市）及鄉（鎮、市）成立客家文化區域合作組織」的立法上。這樣的思考方向不但能在結構上掌握客庄發展脈動，也能與國外經驗參照對話，對於未來成立客家文化區域合作組織，及其他地區鄉村發展認識有所助益。

　　我國解釋區域合作理論脈絡大抵來自公共行政協力治理的討論，這部分有諸多成果問世，像是臺灣學習型城市的實踐經驗（張力亞，2019）、地方觀光發展協力治理機制之探究（張秦瑞等，2013）；北臺與高高屏區域聯盟治理營運之比較（李長晏、曾淑娟，2009）、中央與地方協力夥伴關係之分析（李長晏、林煥笙，2009）等。區域合作議題範圍廣泛，主體（agent）僅其中一端。整體而言尚有如何合作、領導（leadership）、培力（empowerment）（林淑馨，2018）、信任（trust）、社會學習（social learning），乃至效果評估（effect/evaluation）（彭渰雯等，2018）等。限於主旨本文乃就合作主體（collaborative agent）而論。然而，國內關於區域合作定義和形式的討論如何呢？國際上由民間社團協助政府履行公共職能提供服務的類型行之有年，並傾向於和各個專業團體結合，譬如環境保育（荒野保護協會、環境資訊中心）、慈善服務（伊甸、家扶中心）等。我國較少以區域為範

圍，橫向與其他團體共事發展。長期以來，社區發展協會除了必須與派系妥善共處、理事長和村里長有默契爲先決條件之外，比例上所剩不多的活躍社區則須獨立作業、提案執行等[1]。所帶來的問題是，個別社區所能支配資源相當有限，一名理事長和總幹事帶著一群志工，涉及專業的領域時，常常需外力協助。再者，由下而上的力量框限在社區之內，與同區域內其他社會團體缺乏連結和合作有所不同。

歐盟在鄉村發展模式上強調內生發展邏輯（endogenous），英美語系研究者以社會包容（social inclusion）模式稱呼之（Blandford and Hill, 2008）。相對地，作爲比較對象的美國，經常以產業經營資金挹注思維建設鄉村發展，被冠之爲市場競爭（market competitivness）式（Blandford and Hill, 2008）。不論是「社會包容」或「市場競爭」途徑（approach）均有其生成社會脈絡，乃至於歷史文化傳統價值，從而衍生各自特性和制度邏輯（Shortall and Warner, 2010）。歐盟模式相較於美國突顯更多傳統文化遺產保存、社會參與以及自然保育關懷與行動，較爲符合我國現況。基於上述觀察，本文將以鄉村發展相關政策中社區發展協會角色爲出發點，探討以社區發展協會爲區域發展主體特性，以作爲未來思考區域合作參考。由於區域合作討論中，國內較爲缺乏第三部門如何參與的研究。因此，也將焦點置於1990年來歐盟「LEADER」實施中德國案例分析。

此外，討論區域合作另一面向可以由協力治理出發。Ansell和Gash（2007）提出協力治理模式（a model of Collaborative Governance），其中主要範疇如下：1.起始條件（starting conditions）；2.制度設計（institutional design）；3.協力過程（collaborative process）；4.領導人推動促成（facilitative leadership），最後爲產出（outcome）[2]。以下

---

[1] 桃園市府社區發展承辦人員表示，立案的社區發展協會約有600個，保持基礎經營的約100至200個。至於通過農村再生培力課程取得提案資格獲得補助者僅21個。

[2] 理論脈絡上，學者Ansell、Gash（2007）提出協力治理定義，之後被Emerson et al.（2011）延伸成更完整協力治理權力結構（暫譯）（collaborative Governance Regime）。由於後者

分析以制度設計中允許參與（participatory inclusiveness）和排除與會（forum exclusiveness）等面向爲焦點，觀察在鄉村發展政策（農村再生）法令規定中，中央／地方和社區發展協會彼此形成何種關係。再者，由中央政府主導地方發展的進程中，其他非營利組織（社團、協會、文史團體）和經濟部門（如在地公司行號、休閒農場）又是如何不在參與行列當中。

　　最後，在章節安排上，本文先從法律和實務面認識何謂區域（region），之後探討鄉村地區近20年來社區營造和農村再生兩項重大政策發展主體社區發展協會運作型態／模式。其次，分析德國Eifel案例（https://www.leader-eifel.de），並說明該案例在區域合作主體上的組成／操作以及所呈現出治理（governance）樣貌，以呼應國內經驗調查並彰顯出我國特性。

貳、何謂區域

　　以下就區域定義考察法律面、實務面以及社會習慣用法。

一、法律面

　　法律面以時間列序而言，包含區域計畫法及全國區域計畫，以及晚近國土計畫法。

（一）影響深遠區域計畫法及全國區域計畫

　　區域計畫法（2000年1月26日修訂）中並未明定何爲區域。但對所稱區域計畫係指基於地理、人口、資源、經濟活動等相互依賴及共同利益關係，而制定之區域發展計畫（第3條）。由此可推知區域是以地理條件爲

不再將公部門視爲主導活動者，超越了Ansell、Gash（2007）的主張：公部門（public agencies）爲發起者。在此差異下，配合國情考慮下，分析策略仍以2007年協力治理理論架構爲宜。

範圍，在人口、資源和經濟活動上相互連結形成彼此依賴連結的空間。由此第4條規定，區域計畫之主管機關：中央為內政部；直轄市為直轄市政府；縣（市）為縣（市）政府。各級主管機關為審議區域計畫，應設立區域計畫委員會。基於此項規定可知各級政府為區域行動主體。再者，關於區域計畫之擬定、變更、核定與公告見於第5條，應擬定區域計畫地區有：1.依全國性綜合開發計畫或地區性綜合開發計畫所指定之地區；2.以首都、直轄市、省會或省（縣）轄市為中心，為促進都市實質發展而劃定之地區；3.其他經內政部指定之地區。除此之外，區域計畫也可能跨行政區別，所以第6條規定區域計畫之擬定機關：1.跨越兩個省（市）行政區以上之區域計畫，由中央主管機關擬定；2.跨越兩個縣（市）行政區以上之區域計畫，由中央主管機關擬定；3.跨越兩個鄉、鎮（市）行政區以上之區域計畫，由縣主管機關擬定。上述條文也指出區域不僅以個別單一縣市為單位，也可以跨越兩個省（市）、兩個縣（市）、兩個鄉、鎮（市）等而成為區域。於國土計畫法通過前，該計畫係屬空間計畫體系中之最上位法定計畫，直接指導直轄市、縣（市）區域計畫。

　　該法也規定區域開發建設之推動由中央、直轄市、縣（市）主管機關為主，為區域計畫之實施及區域公共設施之興修，得邀同有關政府機關、民意機關、學術機構、人民團體、公私企業等組成區域建設推行委員會。實務上，研究報告顯示此項規定鮮少被應用。舉例而言，人民團體、公私企業不在「中臺區域合作發展平臺」、「雲嘉南區域永續發展推動委員會」、「高屏區域合作平臺」及「離島區域合作平臺」參與行動者（利害關係人）名單上[3]。

　　綜上所述，國內區域合作平臺推動歷程由「中央主導」到「地方自主」模式，國家發展委員會（經建會都市及住宅發展處）指出成效並不顯著（經建會都市及住宅發展處，2012：14-15）。不論是中央主導或是地

---

[3]　除此之外，關於「區域」法制上規定，還涉及地方制度法、財政收支劃分法、中央對直轄市及縣（市）政府補助辦法等，詳盡說明請參照李長晏（2012：275-286）。

方（政府）自主模式，基本上合作對象僅限公部門之間，缺乏社會和經濟部門參與是我國特徵。

（二）晚近國土計畫法（2016年1月6日公布）

國土計畫法通過乃爲近來國土空間規劃管理上邁開一步。該法所稱主管機關：在中央爲內政部；在直轄市爲直轄市政府；在縣（市）爲縣（市）政府。並區分爲各種計畫：1.國土計畫：指針對我國管轄之陸域及海域，爲達成國土永續發展，所訂定引導國土資源保育及利用之空間發展計畫；2.全國國土計畫：指以全國國土爲範圍，所訂定目標性、政策性及整體性之國土計畫；3.直轄市、縣（市）國土計畫：指以直轄市、縣（市）行政轄區及其海域管轄範圍，所訂定實質發展及管制之國土計畫；4.都會區域：指由一個以上之中心都市爲核心，及與中心都市在社會、經濟上具有高度關聯之直轄市、縣（市）或鄉（鎮、市、區）所共同組成之範圍；5.特定區域：指具有特殊自然、經濟、文化或其他性質，經中央主管機關指定之範圍。以上顯示出規劃者界定國土空間各種不同機能及性質。

由上可知，從早先「全國區域計畫」到晚近「國土計畫法」中對區域定義有著若干變化，前者區域基本上等同行政區劃銜接過去傳統；後者仍有行政區劃設計，並且新增「都會區域」和「特定區域」等不與行政區劃直接掛鉤。

二、實務面

學者依所處學術脈絡及傳統操作概念，基本上是以行政區劃，例如縣市、鄉鎮爲分析單位。這樣架構下所形成的圖像以現行地方政府和鄉鎮公所爲主體，以公部門爲分析對象，係以地方自治下行政機關爲考量的分析。相關論點如下：

區域發展在我國略具雛形，但種種阻礙原因仍多。我國區域發展合作模式有三種：中央與地方府際合作型、地方與地方跨域合作型、功能領域

策略夥伴關係型（李長晏，2012：265-274）。由上可知，我國區域合作不離各級政府為主[4]。然而，現代社會面臨強大全球化影響以及國內都會化的需要，區域合作顯得迫切，非以公部門獨力承擔而已足。從而，也有研究指出，現況為行政轄區割裂本位化、區域公共事務外部化、部門建設計畫未有跨域合作整體規劃、齊頭式平等預算及建設制度讓城鄉發展失去有效策略工具等，是我國區域合作未有明顯成效的原因。此外，也因政治因素使得區域資源缺乏統合觀點，加上政治、法律、財政課責未明等因素形成我國制度上種種障礙（李長晏，2012：286-299）。

　　整體而言，國內區域發展是以各級政府為組成對象，現無第二部門、第三部門的參與。然而，於鄉村地區所推動農村再生（或是社區營造），主要提案者是立案人民團體，實務上以社區發展協會為主。因此，以農村再生（社區營造）政策而言，中央政府立意良善，但實際上地方政府能參與的程度相當有限（朱鎮明，2013：79）。也可以說，現行區域合作樣態是公部門內部事務，社區發展協會（或其他人民團體）遠遠不在參與範圍內，究其實兩者間缺乏聯繫。況且鄉村發展動能很大部分需來自與都市的交流，像是除了提供糧食之外，也能帶來更高收益休閒觀光（李承嘉，2012：64-79）。機制上如何共事值得探究，而當今產生現象見下文分析。

三、社會習慣面

　　以社會習慣來說，北北基（宜）／桃竹苗／中彰投／雲嘉南／高高屏／花東離島似乎是普遍使用區域劃分概念，也呈現出一定程度定性作用（可見報紙地方版編排），實際上的確有些區域合作是以上述標準為範圍。

---

[4]　相關研究也圍繞在公部門為行動者的分析上。邱敬斌（2015）討論北臺區域發展推動委員會角色與影響，也有學者探討跨域治理模式的建構與評估（陳一夫、林建元、鄭安廷，2015）。此外，對於區域合作平臺的發展歷程關鍵因素分析也有所呈現（顏聰玲，2014），國外研究也有英國案例分析（鄭安廷，2014）以及美國經驗探討（焦國安，2014）。再者，關於我國實證研究也對此有所著墨（柯三吉等，2013）。

四、小結

綜上所述，區域大體上與行政區劃重疊。以各級政府為組成對象，少有社經部門的參與。由法律、實務和社會習慣面而論，我國區域合作下所指涉區域係為行政區劃下直轄市、縣市間的集合。

參、社區發展協會作為鄉村地區發展（關鍵）主體

自1990年來，諸多部會藉重公民社會漸次勃發的力量，於政策執行上邀請公民投入城鄉發展工作行列中。這些措施具有若干共同點，例如藉助居民自主自發精神、尊重在地特殊性的考量下，採取由下而上運作途徑，並企圖透過社區居民的溝通、協調以及合作，形塑在地認同和逐步塑造當地文化，從而激發當地活力及魅力。進而，也代替政府提供在地公共服務以彌補若干公共職能不足之處。即使如此，以社區為尺度的發展措施即使容易貼近當地居民需求，更有在地人辦在地事通達便利。但是，鄉村地區發展中以社區層級為發展主體有著什麼執行上特性？

一、社區發展協會在地方上具主導地位

依我國「社區發展工作綱要」之規定（2014年9月18日），以村里為範圍居民所組成社區發展協會具有主導地位。在鄉鎮公所指導下，社區發展協會應針對社區特性、居民需要、配合政府政策[5]及社區自創項目，訂

---

[5] 配合政府政策之項目如下：參見第12條，1.公共設施建設：(1)新（修）建社區活動中心；(2)社區環境衛生與垃圾之改善及處理；(3)社區道路、水溝之維修；(4)停車設施之整理及添設；(5)社區綠化及美化；(6)其他有關公共設施建設等事項。2.生產福利建設：(1)社區生產建設基金之設置；(2)社會福利之推動；(3)社區幼兒園之設置；(4)推動社區產業發展；(5)其他有關生產福利建設等事項。3.精神倫理建設：(1)加強改善社會風氣重要措施及國民禮儀範例之倡導及推行；(2)鄉土文化、民俗技藝之維護及發揚；(3)社區交通秩序之建立；(4)社區公約之訂定；(5)社區守望相助之推動；(6)社區藝文康樂團隊之設立；(7)社區長壽俱樂部之設置；(8)社區成長教室之設置；(9)社區志願服務團隊之成立；(10)社區圖書室之設置；(11)社區全民運動之提倡；(12)社區災害防備之演練、通報及宣導；(13)其他有關精神倫理建設等事項。社區發展計畫，由社區發展協會分別配合主管機關有關規定辦理，各相關單位應予

定社區發展計畫及編定經費預算，並積極推動。

承上，此制相當獨特，其特色在於集中，更關鍵意涵在於這與專業分殊化以及尊重多元發展現代社會潮流相悖（黃錦堂，2012：469-480）。依著如此設計，社區發展協會被賦予許多公共職能，譬如產業活化、生態永續、環境保育、文化技藝傳承、休閒旅遊（現今輕旅行、微旅行、一日遊）、老人安養長照等。但就現實而言，對於協會理事長須定期改選，缺乏行政主體，僅能仰賴志工協助，外加以在地派系傾軋（賴兩陽，2010；蔡育軒、王業立，2007），未免是過高期待（黃錦堂，2012：479）。

僅仰賴社區發展協會恐難以彰顯地方特性。據桃園市府（文化科）承辦人員表示，市府立案社區發展協會約有500至600個，仍有動靜及小幅度舉辦活動者約有100多個，至於活躍者更為少數了。也就是絕大多數社區發展協會雖然享有特殊（被保護）地位，但卻因種種因素而處於停頓狀態。而有能力辦中秋節晚會、社區旅遊者估計約有四分之一至五分之一左右，而極活躍者，以農村再生案例而言，迄今經過四階段培力課程取得計畫書核定者不過21個之譜。若現況如此，則就鄉村地區公共生活中而言，獨尊社區發展協會意義何在？常見者如老人會、巡守隊、志工隊、媽媽土風舞、圓極舞、寺廟、宗親，乃至於中小學，或各種基金會均活躍於當地，參與居民日常共同形塑公共生活，也呈現在地多元價值和發展風貌。

從上文中可得知區域合作主體以公部門內縣市政府層級為主，從中央到地方，無論垂直或橫向水平間少有連結。國內少有鄉鎮自組聯盟現象[6]，鄉鎮內的社區發展協會雖為重要政策主要提案者，幾近享有獨霸地

輔導支援，並解決其困難。社區發展協會之經費來源之一為政府機關之補助。至於社區發展協會配合政府政策及社區自創之項目，得訂定計畫申請有關機關補助經費。此外，各級政府應按年編列社區發展預算，補助社區發展協會推展業務。受補助同時，也應該受管考。譬如各級主管機關對社區發展工作，應會同相關單位辦理評鑑、考核、觀摩，對社區發展工作有關人員應舉辦訓練或講習。

6　為行銷當地觀光，埔里鎮、國姓鄉、魚池鄉和仁愛鄉的「大埔里地區」進行策略聯盟。請參考https://n.yam.com/Article/20190918681459（檢索日期：2019/11/21）。

位，但這些社區營造、農村再生計畫如何透過合作積極地發揮更大效益，
或者消極地避免浪費，值得思量。

二、以桃園市農村再生社區為例

　　桃園市迄今為止核定21個農村再生社區（參考桃園市農業局網
站），以下依據市府所核定農村再生計畫書探討各社區發展項目，特別以
水資源保護和休閒旅遊項目為主。

　　桃園地區傳統上有著北、南區分，為不成文的區域邊界。就圖4-1高
度和坡度分析也指出北桃園地形以臨海平原為主；相對地，南桃園地形稍
高，以丘陵交錯為其特色。大體而言，北、南桃園劃分不但是有著社會上
約定俗成的意義，也與自然條件有著相當程度契合。農村再生的精神在社
區自主發展和串連，在此原則下，本文也循著北南兩區劃分為討論主軸。

圖4-1　農村再生社區所處高程圖

資料來源：本文繪製。

（一）各自為政下水資源保護

　　北桃園廣福、和平和溪海等三個相鄰社區均關注水資源利用與整治，例如埤塘、農水路等綠美化、整治溝渠等。依圖4-2所示，和平和溪海社區都在老街溪流域內，同時上林和八德社區位處於該流域上游；三林和高平社區亦有部分位於老街溪內。位於邊緣者尚有上游三和及永寧社區以及下游廣福社區。地理位置上與和平、溪海社區相鄰的廣福社區位於白沙屯沿海流域，而流域內其他社區並未在農村再生行列中。此外，九斗、埔頂兩社區相鄰並且以東勢溪為界，該溪的整治列於九斗社區發展計畫中，然而，卻非埔頂社區工作項目。進一步就所屬流域來看，這兩個社區與永寧社區同屬於社子溪流域。永寧社區位處上游，九斗、埔頂則位於下游社區。社子溪流域與社區投入整治的情況與老街溪大致上相同，論點如前述相近不另贅述。再者，南桃園社區中三和、上林社區均強調污水處理。而污水整治理應邀請上下游社區協力合作。圖4-2顯示出三林社區屬於鳳山溪流域，同時該流域也包含大北坑、高原、三水社區，高平社區也部分位於其中。最上游者是三和、高原社區。至於上林社區，如前所述屬於老街溪流域上游，同時位於上游者還有相鄰八德社區，以及部分位於其中的三林、高平社區。位處該流域下游者為和平、溪海社區，如先前所分析。

　　針對上述條件而言，在關注水資源保護與利用的目標下，和平及溪海社區可結合對象是上游上林、三林、八德及高平社區。上下游系統性合作對於下游整治方能提供有利條件，亦也可避免事倍功半浪費。鄉村地區所擁有自然資源並不因人為行政劃分而喪失固有特徵，培力／賦權（empowerment）和由下而上（bottom-up）策略需要考慮自然資源特性而設計，從而彼此呼應連結。

　　流域內所有社區共同合作是達成保護水資源目標的前提之一。討論水資源保護時，常常以流域（basin）或使用分區（zoning）作為分析和操作上的單位（Deng et al., 2017）。以空間為基底加以延伸的整合性觀點

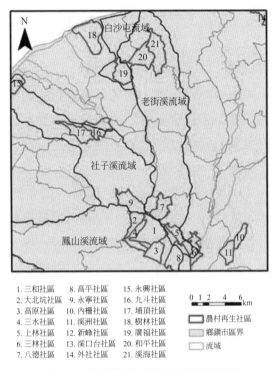

1. 三和社區　　8. 高平社區　　15. 永興社區
2. 大北坑社區　9. 永寧社區　　16. 九斗社區
3. 高原社區　　10. 內柵社區　　17. 埔頂社區
4. 三水社區　　11. 溪洲社區　　18. 樹林社區
5. 上林社區　　12. 新峰社區　　19. 廣福社區
6. 三林社區　　13. 溪口台社區　20. 和平社區
7. 八德社區　　14. 外社社區　　21. 溪海社區

0 1 2　4　6 km
☐ 農村再生社區
▨ 鄉鎮市區界
☐ 流域

圖4-2　農村再生社區及所處流域

資料來源：本文繪製。

之後也被發展出來，從而社會經濟面向也被納入考量因素之中（Wieriks and Schulte Wülwer Leidig, 1997）。乃至於晚近治理（governance）的發展更提供多層次分析面向，從而不同層級權力交錯來討論水資源保護課題（Moss and Newig, 2010; Shucksmith, 2010; Wellbrock et al., 2013）。在這些成果對照之下，農村再生執行過程以個別社區為單位的做法，而社區僅有幾平方公里大的面積，僅是流域一小部分。並且沒有加上相關水資源保護規劃搭配條件，使得各個社區單獨作業，不免有見樹不見林之憾。以個別社區之小，無法將其他相關因素考量進來，遑論多層級權力互助治理。針對鄉村地區水資源保護，除了各個社區自主地由下而上投入之外，地理條件、人文社會經濟脈絡，乃至於不同層次間權力妥協和

互助都是考慮因素。而這也正是桃園地區各社區投入水資源保護所需面對的情境。

（二）以社區尺度規劃自行車道、步道之侷限

　　為促進綠色休閒，南桃園位處山區的社區進行生態資源調查，希望加以活化成為觀光休閒項目，以帶動當地經濟發展。因此，生態園區設置和步道、自行車道的規劃也成為社區亟欲經營項目。然而，社區單獨規劃自行車道、步道有其範圍太小之限制。

　　經驗上顯示，遊客停留時間長短與社區營收成正比。大體上，當地以社區為單位的休閒活動以一日遊為主，內容以傳統農村生活體驗為活動主軸之外，也兼售社區農產品為農村增加收入來源。本文中處於大漢溪下游河階地形的內柵（No. 10）及溪州（No. 11）社區皆計畫設置步道、自行車道等。以每社區平均約為6平方公里左右的面積來說，為享受鄉村風光而規劃的步道、自行車道等，即使能舉辦當天來回輕旅行、微旅行等活動，但旅客僅停留一天的行程時間極短。而且，以個別面積有限社區的規劃也難以提供其他行程，因無法拉長旅客駐足時間而使得鄉村旅遊所創造經濟效益受到限制[7]。在此，在考慮景觀的因素之下，個別社區單打獨鬥勢必相當吃力。就其他地區經驗而言，將具有相同動機和條件相似的社區連結起來，並且引入公部門及營利部門模式彼此合作，是其他案例之所以成功的要素（Idziak et al., 2015; Wilson et al., 2016）。

　　此外，影響鄉村旅遊的負面因素也不是社區本身獨自所能排除或避免。鄉村旅遊之所以吸引遊客，景觀品質經常扮演著重要的角色。當南桃園社區積極爭取遊客前來社區生態旅遊時，大於單一社區的景觀尺度並非個別社區所能掌握且經營。社區一旦認為鄉村旅遊是他們重要發展策略，

---

[7] 一般而言，路跑活動至少需要10公里長度。試想，就馬拉松運動項目而言，全程馬拉松總長42.195公里；半程馬拉松，總長21.0975公里；四分馬拉松，總長10.548公里；迷你馬拉松，總長小於10公里。路跑活動至少有10公里左右距離，遑論發展健行步道及自行車道規劃構想。以國內享有知名度之彰化田中（鎮）馬拉松而言，是以鄉鎮為尺度規劃，所帶來經濟效益比較顯著。譬如，該活動舉辦期間，彰化縣內飯店旅館、汽車旅館訂房客滿。

則當地風光景色是吸引訪客重要元素（Daugstad, 2008; Carneiro et al., 2015）。那麼，能增進鄉村魅力的處方，依其他地區發展經驗來說，則有保存並促進當地文化地景（cultural landscape）來作為地方特色、保存地景在地特殊性；在交通建設上，要特別注意到與當地景觀相互協調等要素，避開大型集約的養雞、養豬場、處理廢棄物基礎設施等，是被認為經營鄉村旅遊應注意之處（Koetter, 2013）。

　　再者，另一需注意的行動者因素，尤其是利害關係人參與層級／尺度所帶來影響。以歐盟所推動農業環境措施（Agri-environmental measure, AEM）為例，Toderi et al.（2017）文章中挑選了九個案例調查，指出地方利益關係人（local stakeholders）形成AEM範圍所加入層級高低的重要性。若空間範圍大小是主管機關（authorities）劃定的，則地方知識難以被事先考慮進去。相反地，若利益關係人允許儘早進入議程參與規劃，而不被限制在官方設定範圍內的話，則執行AEM成果比較理想。以此成果為參照基礎的話，桃園農村再生社區推動圍於維持在村里社區行政系統下的運作，因此在景觀層級尺度（landscape scale）上則絲毫沒有考慮到政策施行中[8]。

三、制度安排下相對孤立的社區發展協會

　　上述課題指出以社區發展協會為提案／執行主體，並搭配由下而上施作途徑之下，相關周全配套應是如何值得探究。在踐行由下而上過程中，究竟社區應該如何與身處脈絡和制度相互結合呢？首先，有學者主張保育政策和鄉村發展應同時併行（Beeton and Lynch, 2012）。在這大方向之下，更細緻的討論則落在制度設計上，Dong et al.（2009）應用制度分析和發展架構（Institutional Analysis and Development, IAD）、參與式鄉村評估（Participatory Rural Appraisal, PRA）以及工作坊文獻回顧等方法說明位於尼泊爾北部Rangelands地區需要制度設立來促進該地區永續發

---

[8] 至於景觀層級尺度也涉及鄉村休閒旅遊、農業生產規模等。

展；該文也指出制度運作應該將「在地實作」（indigenous practices，指傳統知識）整合到公部門技術支援當中；再者，政府所擬定政策也應該將相關組織涵括進來等見解。相近議題更深入強調社區參與也是營造良善制度的一環（Onaindia et al., 2013; Edge and McAllister, 2009; Gunton et al., 2006; Xu et al., 2006）。晚近的課題則是Howard（2017）在關注澳洲自然資源治理議題中所提出的促進社區參與技巧，並且發展出課責架構以不斷促成鄉村治理創新。這研究彰顯社區溝通參與技巧、建立課責架構在自然資源治理中的重要性。各地研究成果不但反映出制度設計影響，而且在運用由下而上政策工具（instrument）時，也得同時注意建立課責架構。

四、選舉動員與社區發展

　　除了制度設計是關鍵因素外，尚有地方承辦官員握有影響力而左右社區發展。近2、30年來市民社會較受限制的前東歐共產國家，Fałkowski（2013）在討論LEADER措施於波蘭施行經驗分析中指出，鄉村地區治理不能忽略地方官員涉及既有利益因素，也就是說必須考量到地方官員誘因。否則，他們有可能成為反對創新因素。這從政治上課責（political accountability）來評析鄉村治理成效的文章，相當契合波蘭，一個於1990年代蘇聯解體而逐漸邁向西方民主政治體制的東歐國家國情和需要。這樣的見解用來反映1990年代解嚴後臺灣經年處於藍綠兩黨對抗，村里內社區發展協會和村里長也因此被分立為兩派彼此競爭的情況。在此，吾人無法迴避選舉動員與社區營造間之關聯。

　　晚近在羅秀華（2004）和賴兩陽（2010）研究中，均肯定社區作為一個地方層級共同體與國家關係大體上發展成「夥伴關係」。在「社區自主與政策對話」一文中，羅秀華（2004：154-155）以Arnstein倡議公民參與階梯（Ladder of Citizen Participation），將公民參與類型劃分為非參與、象徵性參與（通知、諮詢、安撫）列公民意識展現之夥伴關係、授

權等三大類型爲分類標準而界定臺灣社區與國家關係。其他研究也指出地方派系在選舉動員之際不免將透過社會網絡（social network）爲運作邏輯，左右社區內成員投票行爲，企圖從中獲取政治上影響力，由此途徑來估量社區自主性之時，不免產生社區爲地方派系布樁、綁樁、攻城略地之處（蔡育軒、陳怡君、王業立，2007）。申言之，所謂建立在公民意識之上，社區發展不免是被地方政治人物操縱之對象（客體）。

　　綜合上述二造不同分析，吾人大體認識到社區雖不至於在威權時期大幅度地由上而下操縱，而晚近稍有變化。在民主化下的地方派系選戰競爭之際，不免在成爲夥伴之餘多少受到自主性牽制，如何與政治人物間互動也成爲社區運行的挑戰之一（賴兩陽，2010：70-71）。在選舉動員與社區自主性糾葛中，吾人看到社區保持中立、自立但又不能因得罪地方政治人物而影響後續資源交換躊躇。同時，適度拉攏地方政治人物也可換作是取得更豐沃資源考量之保全姿態。

五、社區運作依賴核心分子

　　本文於2016年至2017年間，已訪談了大多數（訪談13/21社區，約三分之二）社區的領導人（總幹事或理事長），就社區內如何形成決策？所得到答覆爲二種類型：一爲領導者有定見後，知會幹部分工進行；二則是領導者構想在先，再與幹部們展開討論，局部修改原有想法後形成決議。前者端賴領導者自行判斷，此爲少數；後者經常由領導者提出構想，藉由正式、非正式討論來取得共識，較爲多數。無論如何，上述這兩種模式結構都顯示少數核心人物左右社區發展方向和內容的現象。此外，再加上社區發展協會提案的法令中並不包含相關政府部門、團體協調和合作規定，因而，環境保育、水利機關形式上、制度上也無參與空間。整體而言，社區除了決策掌握在核心分子之外，對外也無與其他機關和團體合作之必要。這樣運作方式解釋社區如同原子般孤立，缺乏與其他利害相關人統整合作原因。

六、小結

歸納桃園市自2008年以來所推動的由下而上鄉村發展模式，主要行動者為經過培力的社區和政府機關。而社區規模中，主要參與成員是理事長或總幹事為主的少數核心人物。如此孤立且單一的基礎，不但社區內部欠缺多元聲音，也與其他部門隔離，形成上下游步調不一之污水整治、位置相鄰卻各自鋪設健行步道和自行車道等現象。

肆、歐盟「LEADER」方案／德國案例實踐

以下概述歐洲區域合作起源發展脈絡，並詳述LEADER方案及德國案例，最後聚焦於具體化公私協力精神Eifel-LEADER區域合作主體。

一、區域合作起源

自1980年代起，歐盟在空間規劃（Raumordnung）及空間發展（Raumentwicklung）領域對照於傳統由上而下依賴官僚體制規劃，應用越來越多類型政策工具（instrument），在這過程中，發現非正式（informell）「區域合作」手段效果極佳。這展現在區域性發展方案及區域管理、示範計畫（Modellvorhaben）及補助型創新提案（Förderinitiativen）上。實務上而言，例如「未來的區域」（Regionen der Zukunft）、「大都會地區」（Metropolregionen）或「大範圍地區性合作」（Großräumige Partnerschaft）規劃過程中，對於區域合作的側重伴隨內生發展（endogener Entwicklung）應用於「區域經濟結構的改善」政策（Verbesserung der Regionalen Wirtschaftsstruktur），意謂著在區域政策中有著典範性改變（Paradigmenwechsel）。

在此之後，區域合作所顯示的優越性逐漸被應用在其他領域中。在農業政策上也發展出類似的途徑，如德國「農業結構及海岸防護之改善」

（Verbesserung der Agrarstruktur und des Küstenschutz）；在自然保護上也採行相對應的做法，例如針對生物自然保護區制定區域方案；在水資源管理上制定針對預防性防洪的地區性河川流域方案（Henckel et al., 2010: 408）。大柏林地區、魯爾區市中心及周邊地區的合作在初期即形成多樣化的合作模式，除了正式亦有非正式的合作。這類型的發展也見諸於國際上其他城市區域中，如同英國、法國、美國、日本發展案例分析等（朱鎮明，2013：49-78；李長晏，2012：111-257）。總之，1980年代起始的非正式官方合作機制廣受肯定並被採用於其他領域，不侷限於空間治理而擴散結合到各專項政策領域中。

　　合作帶來區域多方面競爭優勢。區域合作在歐洲益發重要的原因，除上述原因之外，生活／消費習慣改變使得人們生活漸漸地脫離當地限制，行動尺度越來越趨向區域集中（Henckel et al., 2010: 410）。而且，為了確保城鄉基礎建設可以滿足不斷提升的需求，同時又考量節省開支，區域性的合作互助顯得必要應運而生。再者，空間發展、國土規劃策略上，國家期待各區域主動參與爭取補助經費，同時也結合當地特色、資源擴大整體能量。

　　至於區域合作模式、方法以及應具備哪些誘因（李長晏，2012：422-485）、政策上如何協調等（朱鎮明，2013：79-114），國內研究已有相當累積。整體而言，現實上在國內生活／消費習慣改變使得人們生活越來越依賴於區域，全球化下競爭結果也助長各大都會機能而壯大區域吸力。更關鍵的是，各國財政短缺也使得不同單位合作變得必要，於此情況下公部門召喚區域合作以作為調控手段。以上大抵是形塑區域合作益發重要之原因。

　　歐盟／德國城鄉發展所面臨挑戰和壓力嚴峻情況與我國相近。鄉村地區人口密度日漸下降，產業轉型加上人口老化、年輕人外移，使得公共建設投入缺乏來源。舉例而言，寬頻網路架設在城鄉地區一直難以普遍，

醫療資源缺乏、幼兒園、小學招生困難而成爲鄉村發展課題[9]。對此，歐盟提出「LEADER」（此爲法文縮寫，全名爲Liaison Entre Actions de Développement de L'Economie Rurale；德文譯爲Verbindung zwischen Aktionen zur Entwicklung der ländlichen Wirtschaft，意指連結彼此行動謀求鄉村發展）是歐盟推動鄉村發展之方案[10]。

二、LEADER方案

　　「LEADER」是1991年起歐盟推行一項新的政策方案，此政策方案邀請地方共同體（Gemeinschaft）加入陶塑未來的治理隊伍中。國內在文獻上對於「LEADER」理解已經說明，這項措施的目標在提升城鄉生活的品質以及維護經濟的多樣性，並且在整個歐盟的鄉村政策中扮演一定的角色（林穎禎，2012：92-95；王俊豪，2008：42-45）。歐盟內各地城鄉條件不一，充滿社經多樣性以及文化上多元性，由上而下傳統治理方式顯然難以因地制宜，力有未逮。試辦後結果顯示，有在地行動者（夥伴）參與的治理行動增加了政策決策上彈性，可應用於不同地區情況和需求。因此，「LEADER」這20多年伴隨著歐盟城鄉的因地制宜的效益得以發揮，並一路擴大深化推動。爲成就上述條件，「LEADER」方案由七項特點構成：1.地域性發展策略是指針對區域性的發展措施（ein territorialer Ansatz），必須是2.由下而上落實所擬定策略，條件要

---

[9] 就農政單位認知和分析而言，歐盟／德國社會認爲因全球化（globalization）所導致都會化、全球分工加劇而致使鄉村地區面臨若干困難：人口外流、人口減少以及經濟活力衰退，使得在公共服務上質與量提供不易，維持基礎設施代價高昂。在經濟層面需提振鄉村經濟活力和就業機會。就自然資源維護而言，鄉村地區面臨土地轉用、耕地流失問題。中游的具體策略則有國家策略規劃（Nationaler Strategieplan der Bundesrepublik Deutschland für die Entwicklung ländlicher Räume 2007-2013）（BMELV, 2006a），此乃德國銜接至歐盟鄉村空間發展農業基金（der Europäische Landwirtschaftsfonds für die Entwicklung des ländlichen Raums, ELER）之計畫內容，亦即鄉村空間發展國家策略規劃須依據歐盟的政策指引、約束，從而獲得經費支持。在政策規劃上，第三部門參與了鄉村空間發展國家策略規劃形成過程。再者，德國策略性整體規劃內涵共由四項重點領域所構成：1.強化農林業競爭力；2.改善環境暨景觀（品質）；3.提升鄉村空間生活品質及創造鄉村多元經濟活力；4.推動LEADER。

[10] 此方案於1991年至1993年試辦，第二階段於1994年至1999年，隨後進入2000年至2006年LEADER+，經過2007年至2013年，當下爲2014年至2020期次。

求有3.在地的公私夥伴協力的具體化，組織當地工作團隊（Local Action Group; Lokalen Aktionsgruppe, LAG），並且4.整合並跨部門的行動。此外，要求5.創新及6.合作精神，並共同7.形成網絡。

　　進一步來說，地域概念由以下條件所規範：1.人口數介於1萬到10萬人之間；2.空間上不宜過於遼闊；3.具同質性並且自成一體。再者，在文化／歷史上4.具共同傳統習俗和文化認同。此外，在態度上5.具共同需求和期待等。更重要者為，既然要活絡在地夥伴參與的力量，因此當地工作團隊如何形成、由誰組成、公私部門間比例為何即顯得關鍵。「LEADER」方案對此措施多有規定，譬如，LAG的組成須由當地居民、地方性結社環保社團（們）、在地公部門、對文化面和社區服務性勞務提供者（意指私部門經濟單位）、農村漁牧團體（非營利業者代表）等。而LAG因此承擔絕大部分行政職能，如挑選執行計畫案、支付款項監督、控管並評估執行任務等。

　　本文選擇Eifel作為案例探討最主要原因是該區地處山區，與我國在內山地區如台三線，新竹、苗栗地理條件類似。北艾佛（Nord-Eifel）自然公園也與吸引遊客創造休閒遊憩經濟價值、依賴山林資源發展觀光以及國家級客家浪漫台三線政策目標相近，該區執行「LEADER」方案也具有十來年經驗，值得細究。筆者對該區近十餘年來間續踏訪亦較熟悉。總之，這樣的選擇有著自然條件上契合和觀察經驗上親近。

三、Eifel案例

　　Eifel地處比利時、盧森堡和德國西部交界（見圖4-3）。面積有1,475平方公里，人口數約17萬人，涵蓋15個鄉鎮。由於地處山區，長期以來發展受限，是德國所稱「結構性贏弱區域」（strukturschwaches Gebiet），缺乏工商業活力、所提供公共服務質與量偏低、人口外流等，帶有偏鄉之意，此特徵明顯與台三線相同。近來，休閒旅遊業在二次大戰後開始發達，當地於2004年成立Eifel國家公園（Nationalpark Eifel）

　　將經濟活動觸角跨入後工業社會休閒旅遊業，注重在地旅遊項目開發與經營。此外，除傳統林業、農業之外，因應德國能源政策，配合林業資源，也發展部分生質能源（Bioenergie）。

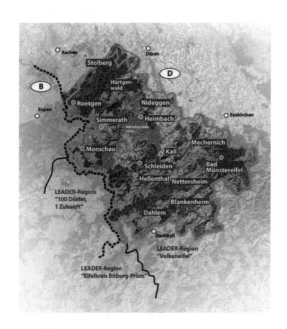

圖4-3　Eifel地理位置座落於山間

資料來源：取自LEADER Eifel 2016-2017年度報告（Jahresbericht LEADER-Region Eifel 2016/17）[11]；圖片來自：http://www.eifel.info/eifelkarte.htm。

　　正因為Eifel偏鄉特徵，使得其符合申請「LEADER」方案補助意旨。也就是當地住民若要得到此方案補助，就必須先組織起來，自助人助地提出家鄉特性和未來發展構想項目，在與其他競爭區域一較高下時以說服審核機關（基本上是各邦）同意獲得補助的青睞。

---

[11] https://www.leader-eifel.de/de/downloads.html（檢索日期：2020/6/29）。

四、具體化協力精神之Eifel LEADER

　　從申請、協調到執行LEADER補助項目是LAG的任務。在Eifel工作團隊中有三大支柱[12]，一是會員大會（Vollversammlung），二是協調小組（Koordinierungskreis），三為專案執行秘書（區域發展經理）（Regionalmanagement）。組織架構以會員組織而成北艾佛自然公園（社團）（Naturpark Nordeifer e.V.）為主。由於Eifel地理位置跨越兩個邦，所以組織圖上顯示出理事長以下設有2個行政區（邦）會務（Rheinland-Pfalz和Nordrehein-Westfalen），以及在地工作團隊（LAG）。LAG為實際推動工作項目單位，因應項目不同設有若干任務編組。圖4-4功能組別並非指數量僅有3個，而是代表若干隨需求而彈性調整之意。不同任務編組有一協調機制（Koordinierungskreis）統整不同組別間需求和合作。於2013年度會務報告中說明於該年度啓動的計畫（project）共11項，大抵分布於基礎設施交通項目、文學、音樂社團挹注、社會（老人、青少年）關懷、鄉村景觀塑造、產業經濟方面地區品牌建立等，2016年至2017年度報告大抵延續以上內容[13]。

　　該自然公園協會運作方式如下，會員大會中包含LAG的全體成員，每年應至少召開一次會議。每次召開會議時，得依需求建立個別小組（Arbeit Gruppe）。LAG依據「公私夥伴關係」（öffentlich-private Partnerschaft）形成，經濟與社會方面的夥伴，以及其他社會各界的代表及其網絡，在決策及方案決定上應至少占投票權之成員的51%。且決策權中應至少有三分之一為女性，並且每位市民（而非會員）都應受邀參與合作。

　　協調小組決定區域內執行方向，其任務如下：1.協調及控管地區行動小組及其網絡在本重點區域（LEADER-Region）之內的工作，以及延伸

---

[12] 整體架構參考自2014年至2020年LEADER Eifel區域發展策略規劃（Regionale Entwicklungsstrategie für die LEADER-Region Eifel），下載自：leader-eifel.de/de/downloads.html（檢索日期：2021/7/13）。

[13] https://www.leader-eifel.de/de/downloads.html（檢索日期：2020/6/29）。

跨界至其他區域的協調等；2.在既定評估標準的早期階段，聽取資金挹注法規方面的諮詢並遵照透明性原則，評估及選擇（終止）所要推展的計畫；3.展示已完成計畫配合官署行政流程進行；4.支援業經核准之計畫以及區域發展策略（Regional Entwicklung Stragtegie, RES）的執行，並定期查核目標達成率；5.就針對指令的RES之執行所建立之管理架構，善盡報告及財務控管之義務。此外，協調小組組成至少須包括10名LAG之成員，並有1名主管來自「北萊茵邦計畫鄉鎮」之科隆區政府部門代表擔任顧問職務。協調小組必須有至少51%的成員為來自「公私協力」中「社會」端之代表（經濟、社會及環境，或其他社會各界之代表及其網絡）。其人員應根據RES之相關領域尋求均衡且專業之組成。單一利益團體不得占據超過49%之投票權，且人員名單需具名。再者，應有至少三分之一具正式投票權之成員為女性，性別比例應盡量反映當地居民之比例。而協調小組之最低參與年齡為16歲。此外，LAG成員得每年以簡單多數決解除協調小組組織成員之職務。

　　社會端代表也就是社會部門，包含慈善性質社團、青少年／難民服務社團、輔導就業協會、區域保育協會、當地生物觀測站、當地鄉村婦女協會、林藝協會、能源公司、自然公園協會、休閒觀光協會、專業人士建築師、（非公部門內）地方代表、旅遊協會、學者、基督教老人照護基金會、銀行、德國阿爾卑斯山Schleiden區文史社團、萊茵區鄉村婦女協會。世代、性別、扶助弱勢團體基本上都在列，功能性如保育、旅遊、文史觀光等亦在其中。此外，政府部門大體上以各鄉鎮長為主，輔以在地工商總會、產業公會、信用合作社、農會、政府出資成立的旅遊公司、林務管理等機構共同組成（詳見附錄）。整體來說，這樣組成以最保守而論，政府難以主宰所有事項而貫徹己意，社會部門也不僅是聽命行事而有發揮所長之處。

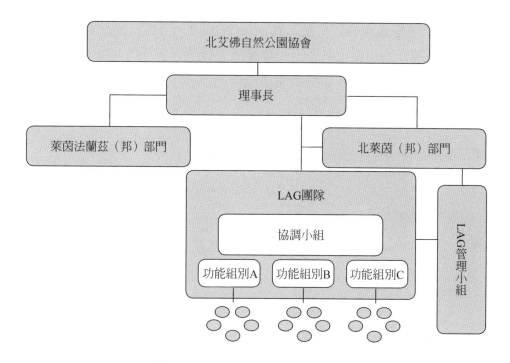

圖4-4　Eifel LEADER組織架構圖

資料來源：LEADER-Region Eifel 2016-2017年度報告（Jahresbericht LEADER-Region Eifel 2016/2017）。

伍、結語

　　探索出合於國情區域合作模式是未來方向。整體而言，我國政府機關與社區單一連結呈現出垂直整合關係，具有簡易迅速操作優點。然而，如此方式卻難以連結其他利害關係人加入合作行列。簡而言之，農村再生以社區發展協會為主角提高鄉村生活品質和就業情況，區域關懷限縮在村里大小範圍內，社區發展協會傳統主導地位基本上相當程度地排除潛在參與者。也可以說我國協力合作向來以垂直型態為基調，既有區域合作以行政組織為組成對象，少有其他二、三部門參與。「內生發展」是歐盟現今因應地方發展的策略，在此前提下，協力治理精神落實在區域合作中，多元

行動者基於信任展開共同行動。在Eifel例子中，活躍公民社會是各式各樣社團積極運作的前提，其多元和專業能力提供與公部門共事的基礎，也是政府藉重長才提高公共服務職能之所在。

附錄

協調小組公私部門組成

社會、經濟部門	公部門
社會慈善性質社團（Ute Bauer-Peil, AWO- Regionalverband Rhein-Erft-Euskirchen） 青少年／難民服務社團（Renate Scheidt, Jugend-/-Flüchtlingshilfe 輔導就業社團（Wirkstatt e.V.） Euskirchen區保育協會（Kreisverband Natur- und Umweltschutz Euskirchen） Düren鎮生物觀測站（Biologische Station Düren） Blankenheim鄉村婦女協會（Berlingen Stellv. Kreislandwirtin, Blankenheim） 林藝協會（Verein Wald und Holz Eifel） 能源公司（Energie Nordeifel GmbH） Nordeifel自然公園協會（Naturpark Nordeifel e.V.） Eifelverein休閒觀光協會（Eifelverein e.V.） Monschau建築師 Freilingen地方代表（Ortvorsteherin） Rureifel旅遊協會（Rureifel Tourismus e.V.） 專家（Prof. Dr. Frank Günter Zehnder, Internationale Kunstakademie） 基督教老人照護基金會（Malte Duisberg, Stiftung Evangelisches Alten-und Pflegeheim Gemünd/Geno Eifel eG） 銀行（VR-Bank Nordeifel eG） 德國阿爾卑斯山Schleiden區文史社團（Sektion Schleiden / Eifel des Deutschen Alpenvereins e.V.） 萊茵區鄉村婦女協會（LandFrauenverband e.V.）	Monschau鎮長（Margareta Ritter, Stadt Monschau） Düren鎮長（Walter Weinberger, Kreis Düren） Euskirchen鎮長（Manfred Poth, Kreis Euskirchen） 阿亨地區（Andrea Drossard, Städte Region Aachen） Hürtgenwald鄉（Axel Buch, Gemeinde Hürtgenwald） Nettersheim鄉（Wilfried Pracht, Gemeinde Nettersheim） Dahlem鄉（Jan Lembach, Gemeinde Dahlem） Aachen產業總會（Philipp Piecha, IHK Aachen） Aachen工業總會（Kurt G. Krüger, Handwerkskammer Aachen） 北萊茵邦農會（Ewald Adams, Landwirtschaftskammer, NRW） 北艾佛旅遊公司（Iris Poth, Nordeifel Tourismus GmbH）

資料來源：本文整理自LEDAER Eifel 2017-2018年度報告。

參考文獻

一、中文部分

王俊豪（2008）。二十一世紀歐盟共同農業政策的新藍圖。農業世界，296，40-45。

朱鎮明（2014）。跨域治理與府計夥伴關係：台灣的經驗、省思與前瞻（初版）。臺北：五南。

李承嘉（2012）。農地與農村發展政策：新農業體制下的轉向。臺北：五南。

李長晏、曾淑娟（2009），北臺與高高屏區域聯盟治理營運之比較。臺灣民主季刊，6（2），1-60。

李長晏、林煥笙（2009），中央與地方協力夥伴關係之分析—以臺中縣潭子段旱溪整治工程爲例。公共行政學報，31，49-100。

李長晏（2012）。區域發展與跨域治理理論與實務（初版）。臺北：元照。

林淑馨（2018）。協力神話的崩壞？我國地方政府與非營利組織的協力現況。公共行政學報，55，1-36。

林穎禎（2012）。德國「促進鄉村發展之框架規範」介紹。農政與農情，238，90-95。

邱敬斌（2015）。區域合作與平臺—以北臺區域發展推動委員會爲例。國土及公共治理，3（3），106-113。

柯三吉、衛民、黃國宬、李有容（2013）。從後新公共管理觀點論析我國區域治理與行政法人：一個臺灣地區的實證研究。國家與社會，14，173-221。

張力亞（2019），臺灣學習型城市的實踐經驗與省思：以南投縣爲例。發展與前瞻學報，23，47-72。

張秦瑞、孫同文、郭瑞坤、沈逸晴（2013），地方觀光發展協力治理機制之探究：以南投縣觀光發展爲例。觀光休閒學報，19（2），105-128。

焦國安（2014）。美國區域治理之政策沿革及做法。國土及公共治理，2（4），37-54。

彭渰雯等（2018）。協力決策後的績效弔詭：以性別影響評估和生態檢核表爲例。公共行政學報，54，41-78。

黃錦堂（1994）。台灣地區環境法之研究。臺北：月旦。

蔡育軒等（2007）。社區發展協會、選舉動員與地方政治。東吳政治學報，25（4），93-135。

鄭安廷（2014）。從空間規劃到區域治理：英國工黨時期區域規劃、組織與治理機制轉變的脈絡探討。都市與計劃，41（2），149-167。

賴兩陽（2010）。地方政治人物對推動社區工作的影響性分析：桃園縣觀音鄉社區工作者的觀點。社會政策與社會工作學刊，14，39-79。

顏聰玲（2014）。雲嘉南區域合作平臺發展歷程與落實區域合作關鍵因素分析。政策與人力管理，5（2），1-32。

羅秀華（2004）。社區自主與政策的對話。社區發展季刊，107，146-160。

二、外文部分

Ansell, Chris and Alison Gash (2008). Collaborative Governance in Theory and Practice. *Journal of Public Administration Research and Theory*, 18(4): 543-571.

Blandford, David and Berkeley Hill (2008). Directions in Rural Development Policy -Lessons from Both Sides of the Atlantic. *Euro Choices*, 7(1), 6-12.

BMELV (2006). *Nationaler Strategieplan der Bundesrepublik Deutschland für die Entwicklung ländlicher Räume 2007-2013*. Bonn: BMELV.

Beeton, R.J.S., Lynch, A.J.J. (2012). Most of nature: A framework to resolve the twin dilemmas of the decline of nature and rural communities. *Environmental Science & Policy*, 23, 45-56. From: https://doi.org/10.1016/j.envsci.2012.07.009.

Deng, F., Lin, T., Zhao, Y., Yuan, Y. (2017). Zoning and Analysis of Control Units for Water Pollution Control in the Yangtze River Basin, China. *Sustainability*, 9, 1374. From: https://doi.org/10.3390/su9081374.

Dong, S., Lassoie, J., Shrestha, K.K., Yan, Z., Sharma, E., Pariya, D. (2009). Institutional development for sustainable rangeland resource and ecosystem management in mountainous areas of northern Nepal. *Journal of Environmental Management*, 90, 994-1003. From: https://doi.org/10.1016/j.jenvman.2008.03.005.

Edge, S., McAllister, M.L. (2009). Place-based local governance and sustainable communities: lessons from Canadian biosphere reserves. *Journal of Environmental Planning and Management*. From: https://doi.org/10.1080/09640560802703058.

Emerson, Kirk, Tina Nabatchi and Stephen Balogh (2012). An Integrative Framework for Collaborative Governance. *Journal of Public Administration Research and Theory*, 22(1): 1-29.

Fałkowski, J. (2013). *Political accountability and governance in rural areas: Some evidence from the Pilot Programme LEADER+in Poland.* From: https://doi.org/10.1016/j.jrurstud.2013.04.008.

Gunton, T.I., Peter, T., Day, J.C. (2006). Evaluating Collaborative Planning: A Case Study of a Land and Resource Management Planning Process. *Environments: A Journal of Interdisciplinary Studies*, 34, 19-37.

Kriszan, M., Farrell, M. (2013). Arranging public support to unfold collaborative modes of governance in rural areas. *Journal of Rural Studies*, 32, 420-429. From: https://doi.org/10.1016/j.jrurstud.2013.10.002.

Moss, T., Newig, J. (2010). Multilevel Water Governance and Problems of Scale: Setting the Stage for a Broader Debate. *Environmental Management*, 46, 1-6. From: https://doi.org/10.1007/s00267-010-9531-1.

Onaindia, M., Ballesteros, F., Alonso, G., Monge-Ganuzas, M., Peña, L. (2013). Participatory process to prioritize actions for a sustainable management in a biosphere reserve. *Environmental Science & Policy*, 33, 283-294. From: https://doi.org/10.1016/j.envsci.2013.05.012.

Shortall, Sally and Mildred E. Warner (2010). Social Inclusion or Market Competitiveness? A Comparison of Rural Development Policies in the European Union and the United States. *Social Policy & Administration*, 44(5), 575-597.

Shucksmith, M. (2010). Disintegrated Rural Development? Neoendogenous Rural Development, Planning and PlaceShaping in Diffused Power Contexts. *Sociologia Ruralis*, 50, 1-14. From: https://doi.org/10.1111/j.1467-9523.2009.00497.x.

Wellbrock, W., Roep, D., Mahon, M., Kairyte, E., Nienaber, B., Domínguez García, M.D.,Wieriks, K., SchulteWülwerLeidig, A. (1997). Integrated water management for the Rhine river basin, from pollution prevention to ecosystem improvement. *Natural Resources Forum*, 21, 147-156. From: https://doi.org/10.1111/j.1477-8947.1997.tb00686.x.

Xu, J., Chen, L., Lu, Y., Fu, B. (2006). Local people's perceptions as decision support for protected area management in Wolong Biosphere Reserve, China. *Journal of Environmental Management*, 78, 362-372. From: https://doi.org/10.1016/j.jenvman.2005.05.003.

吳忻怡

壹、前言

　　從威權體制到政治自由化的過程中，族群現象一直是臺灣政治分歧的
重要基礎，也是政治的重要變數。若要談論族群政治，則必須關注兩個基
本問題：1.族群如何成為一個集體的行動者？2.族群作為一個集體的行動
者，其政治表現的形式為何？

　　回應上述問題意識，本文企圖探究當代臺灣的客家族群，在發展族
群文化身分意識覺醒的過程中，如何透過各種巨觀的、制度面向的文化工
程，亦即各種不同層級與類型的文化敘事，來形塑族群成員的群體意識。
同時，亦嘗試理解相關行動者，如何因為各種不同尺度的文化工程，嘗試
召喚其族群成員，透過族群身分來從事社會行動，乃至改變政治態度與政
治行動。

　　本文以客家委員會、桃園市政府客家事務局為研究對象與比較焦
點，透過爬梳組織發展之歷史過程、分析重要客家政策與當代族群政治開
展之關聯性，以及探討相關客家敘事之形構，來探討不同層級官方部門對
於客家相關論述的打造、推行與運用，嘗試理解：「客家族群透過官方文
化敘事成為一個集體行動者如何可能？」研究最終希望達成：描述「打造
客家族群之文化工程與社會過程」，分析與確認現象，並理解其在族群政
治脈絡下之深刻意義。

　　在探問新自由主義下的族群性（ethnicity）時，黃應貴（2018：16）
從國家治理的角度著手，點名國家對於族群的分類和其地域化，與其他治

理技術及分類系統彼此協作，以達治理之目的。並且，作爲治理技術之集結（ensemble）的現代民族國家，在新的政經條件出現的狀態下，也涉及了國家與人民之間關係的質變。然而，汪宏倫（2016：441）指出，過去研究者在討論族群與國家或民族主義時，往往不去討論國家本身。這個有意或無意的疏忽，使得我們在面對國家逐漸趨向新自由主義的方向時，較難回答：「國家對於族群的治理，出現了什麼樣的不同？」「這些治理差異，如何影響族群或者人群分類？」這樣的問題。

　　因此，當企圖探究當代臺灣客家族群如何形塑族群認同時，本文將觀察焦點安置於中央（客家委員會）與地方（桃園市客家事務局）兩個不同層級的行政機關，梳理其相關的政策、活動與文化敘事。透過前述尺度不同的文化工程，來理解相關決策與行動者，如何透過敘事，召喚認同，導引實作。

貳、文獻探討

　　根據謝世忠（2019：19-26）的分析，當代臺灣客家研究的現代性研究策略，可以從下列四個面向展開：1.基礎學理：重新認識族群、族群意識／族群性（ethnic group and ethnicity）的內涵，特別是「族類」（ethnic category）與「族群」（ethnic group）的區分；2.國族角色（ethnic people in nation-state）：特別是國家所看到的客家地位、客家如何看待自身群體與國家間的關係，以及客家文化在臺灣國家文化於民主化過程中的演變；3.面對他者：釐清客家之所以隱形，與認同的污名之間的關係，以及臺灣客家文化生活流失的困境爲何？此困境與客家發起的相關社會運動是否關聯？所謂居於少數的客家，是之於哪些「多數」？4.跨境之地：亦即如何在跨（國）境的情境中，處理自身與他國的文化距離，特別是作爲成員跨國經歷豐富的客家族群，如何定義「母國」？

　　同時，上述這四個當代臺灣客家研究值得開展的面向，還必須在全

球化論（on globalization）與在地化論（on localization）之相對性與互融性的架構下，細緻其論述，以便更能關照客家與其他族群在同一地域之內的競爭關係與文化變遷方向。換言之，全球化情境下，客庄如何受到影響？在地生活起了何種變化？與其他族群互動過程中，又產生了哪些資源競爭與重新分配的現象？以及「文化代表性」的競逐過程與結果為何？種種問題，都需要更仔細的爬梳。

參照上述的理論與研究脈絡導引，本文將試圖將問題意識的焦點，集中在有關族群（政治）議題的學理基礎、國家治理角色與制度安排，以及客家族群如何透過文化實作來區辨「我群」與「他者」等三個面向，來嘗試建構本文的分析脈絡與知識觀點。

一、有關當代客家／族群政治的概念探討

關於「族群政治」，是指「一個政治體系中的行動者，將族群因素納入政治行動的決策考量之程度」（Wolfinger, 1966: 43，轉引自王甫昌2004：553）。王甫昌（2004：19）則更進一步闡釋：「族群政治是整個政治體系，而非單獨的群體或政黨的特質」。

Brubaker（2004: 17）認為：「族群、種族、民族根本上是理解、詮釋和再現社會世界的幾種方式，他們不是這個世界的具體事物，而是對於這個世界的觀點。這些觀點包括各種被族群化的注視（和忽視）、解釋（和誤解）、推論（和誤判）、記憶（和遺忘）。他們包括以族群為導向的框架、圖樣、敘事、情境暗示（不只是媒體上而已），這些都足以啟動上述觀點與認知。」[1]

根據Brubaker（2004）對「族群」的分析，族群政治與衝突的主角，往往不是「團體」，而是各種不同的組織與主其事者，包括：行政部會機關、軍警執法單位、政黨、各選舉總部、協會、基金會、報社、廣播電台、電視台等。這些組織與相關個人，在Brubaker的研究中被概念化為

---

[1] 本段落轉引自李廣均（2019：90）。

「族群政治企業主」（ethno-political entrepreneurs），他們可以策劃、主導、傳播、記錄，執行一連串有計畫的集體行動，因此成為族群政治與族群衝突中的要角。

　　自1987年解除戒嚴之後，臺灣經歷了一連串民主政治改革的重大措施，諸如人民團體法通過修法，允許反對黨成立、三階段修憲、廢止動員戡亂條款等。面對民主轉型之後，部分論者開始關心「民主化之後」的臺灣。其時，吳乃德（1997）提醒：族群政治的出現，將使社會中有關公共政策的理性討論變得不可能，以至於影響民主政治的運作與效能。而臺灣民眾也隨即在1998年第二次開放民選的臺北市長選舉中，經歷到此一「預言」：外省選民[2]「棄王（建煊）保馬（英九）」的投票策略，成功地拉下了當時施政滿意度相當高的臺北市長陳水扁，激怒了許多本省籍選民，也激化了臺灣對立的族群政治。可以說，當時所謂族群政治的邏輯、思考與實作，既偏離了民主政治理性選擇的假設，亦富含「本省人」與「外省人」的政治競爭與計算。

　　而在探討關於1980年代臺灣民主轉型發生的主要原因、方式及其後果時，王甫昌提醒我們：臺灣在政治民主化之後所面臨的主要課題，並非西方民主政治傳統下所關心的「民主鞏固」問題，而是在族群政治與國家認同的糾結下，所導致的非理性政治牽制。同時，族群政治的型態，也由過去「本省人」對抗「外省人」的省籍矛盾或衝突，轉變為「臺灣主體」與「中國主體」的意識形態對抗（王甫昌，2004：542-543）。

　　雖然在2000年以後，人數居於少數的「外省人」在一連串的政黨政治對抗過程中，企圖找出新的政治代理者，並在動員時訴諸族群壓迫。然而，也是為了擴大支持基礎，維持動員能量，他們必須發展出特定的論述，以面對「族群」議題。因此，「族群融合」、「族群多元化」、「族群和解」、「族群平等」，不管是作為一種政治理念、論述，或者是一種

2　當時約有七成以上的新黨支持者，放棄新黨的候選人王建煊，轉投給國民黨提名的馬英九（王甫昌，2004：14）。

面向群眾的口號，重新又浮上了政治檯面[3]。即便「族群多元化」只是一種政治論述的還魂，卻也提供了在人數上同樣居於少數的「客家人運動」自1980年代末期開展以來，在政治、社會等場域的正當性。

　　從另一個角度來看待上述自1980年代末期以來，臺灣「族群政治」的發展過程，張茂桂則是以「政治的族群化」[4]過程來概念化此一現象。所謂「政治的族群化」是指：「一個為了『當代』的政治動員、社會權力的組織安排的目的，進而透過『創造』或者『召喚過去』，試圖建立人群的『共同來源』的想像的行動。」（張茂桂，1997：42）因此，討論的重點，聚焦在「族群」概念，如何被用到臺灣的政治發展中？臺灣的政治問題，又如何被建構成為「族群衝突」、「國家認同」問題？

　　在張文的論述脈絡中，可以發現：客家族群的身分，在民主化以及政治族群化的過程中，有很多時候是被涵蓋在「臺灣人」稱號之下，沒有特別被區辨出來，其在語言、文化上的弱勢與被打壓，則往往遭到漠視或擱置。如同張文所言，「族群」之間的緊張關係，不是政治衝突的原因，而是延伸（張茂桂，1997：42），當政治場域的資源開始重新分配，而場域中的主要社會行動者又屬於特定的族群類屬時，則其他次要行動者之間的矛盾與衝突，將被延後處理。

　　也因此，當臺灣的「政治族群化」逐漸從「省籍問題」轉化為「國家認同問題」時，客家族群有關語言、文化被打壓、在日常生活中反覆意識到自己的文化屬於「次等」地位的問題，很容易被含括在「國家的同質化壓迫過程」的論述中，並出現「福佬中心主義」的爭議。一直要到「四

---

[3]　所謂的「重新」，是因為戰後國民黨政府執政以來，即強調與施行「族群同化主義」式的教育，是當時社會的主流價值。但是不同族群者在民間與日常生活的自然互動、交友，乃至通婚，仍舊無法掩蓋優勢族群在文化體系與政治體系對於居弱勢地位族群者的單方面教化，以及政治制度安排與政治資源分配。

[4]　在另外一篇論文中，張茂桂對於「政治族群化」則提出了另一個界定：「所謂的『政治族群化』，也就是說不論政治人物抑或常民，不斷運用『族群類別』的想像，操縱和族群有關的符號語言，進行實際的政治動員，製造團結與對立。」（張茂桂，2002：245）此處的界定，更傾向強調「族群政治化」過程中，不同陣營的衝突、拮抗。

大族群」[5]（閩南／客家／外省／原住民）這樣新的人群分類原則被重新創造出來以後，「臺灣人」之中的差異才重新被看見。「客家人」則更明確地被整合到一個嶄新的政治共同體的想像之中。同時，在政治場域中所有的行動者（特別是積極參與政治權力與資源分配的政黨），都必須在這個論述出現的過程中，提出對應的想像與看法，以「族群」為核心思考，尋思出一個新的，有關於「社會團結」的語言，確認自身的政治正當性[6]（張茂桂，2002：245）。

延續上述臺灣族群政治的歷史脈絡，則可以連結李廣均將族群理解為一種「政治社群」（political community）的看法，也就是一種具有政治任務的文化團體。「族群政治就是一種歷史政治、記憶政治，也是有關情緒與情感的動員政治。」（李廣均，2019：70）從李廣均的分析可以知道，「族群政治」並非從被研究者或者相關事件當事人的「族群身分」來定義，而是從事件（或者衝突）本身被詮釋的框架（framing），以及被啟動的密碼來認定。換言之，以前面Brubaker提及的組織或者「族群政治企業主」為發動的行動者（agents），透過詮釋框架的設定以及修辭密碼的選用，「族群」的意義於為產生。

更有甚者，取材於歷史衝突或者政治鬥爭的詮釋框架與修辭密碼，往往召喚了深層的集體記憶與情感，也輕易再現了特定時空脈絡下的歷史、政治經驗與氛圍。因此，族群政治的分析焦點，在於解釋組織和族群政治企業主如何啟動族群認知，提升族群顯著性（ethnic saliency），以召喚支持者與潛在成員，進而改變其認知並透過行動來參與族群相關事務（李廣均，2019：87-91）。

也就是說，以當代臺灣客家族群政治相關的觀察而言，「我們要做的是去解釋在何種條件與氛圍之下，哪些事件和活動的操作方式可以對內

---

[5] 關於「四大族群」分類的原型，以及其發展的歷史過程，參考張茂桂（2002）。
[6] 例如，1995年「新黨」提出了「族群與文化政策白皮書」，倡議建立臺灣原住民、客家、閩南等各「文化研究院」，發展、保存「地方文化」，建立「文化中國」。在這份白皮書中，並未出現任何與「外省人」相關的分類與論述，卻又強調所謂的「多元文化」與融合。

產生凝聚『自己人』（us）、對外帶來區分『非我族類』（them）的效果，這是族群關係的政治建構，目的是為了確立一種人群區分與政治判斷」（李廣均，2019：85）。

二、有關客家運動及其相關之政策與政策環境

　　所謂各族群的「文化特質」，不應該被視為一種人類學的考古發現，而是一種政治選擇的結果（Guillory, 1993）。自1987年客家文化運動興起以來，客家運動者一直將客家運動的主軸定在下列四項基礎上：1.客家話大量流失及文化將滅絕的困境；2.重新建立歷史的詮釋權，讓被扭曲的客家人形象，還其歷史的面貌；3.建立民主公平的政經體制，爭取客家人的合理權益；4.重建合理的族群關係，以作為新的社會秩序的基礎（徐正光，1991：8-9）。從上述這項基礎進一步分析，當代臺灣客家族群的長期焦慮，一方面來自語言文化的流失，另一方面則在於如何在解嚴之後，在政治權力重新分配的過程中，打造更為公平的族群關係。

　　進一步說明，有論者認為，自客家運動伊始，臺灣客家族群所遭遇的困境，就在於：界定客家族群的客觀標準模糊。客家族群對於客語復育（revitalization）的關切，顯現出對文化凋零的憂心，也對客家集體認同、尊嚴與地位有迫切焦慮（施正鋒，2004：21）。因此，客家語的重新提倡與復振，並以之為形塑與區分客家族群的新思維，便在「全球地方化」的多元文化脈絡與社會運動中應運而生。換言之，語言政策成為客家運動爭取客家文化認同和形成客家政策的重要著力點。「說客家話就是客家認同」的理念，成為客家運動者最重要的政策理念與核心價值（宋學文、黎寶文，2019：219）。

　　20世紀以來，國家的統治能力受到國際層次（全球化、跨國活動）、國內行政層次（財政危機、傳統政治遺緒）、民間社會層次（市場機能、第三部門、個人主義、新公共管理）等三個層次的挑戰。所謂治理（governance），即是嘗試將國家放在符合「國家—社會」關係脈絡中來

加以實踐（宋學文、黎寶文，2019：219）。而臺灣的客家政策，也是在這樣的政策環境下，次地開展。

　　根據王保鍵（2011）分析，以客家政策之有無為判準，臺灣客家政策演進的三個階段：第一階段：1987年至2000年，臺灣客家議題雖已出現，但政府並無具體客家政策。直到2000年的總統大選，各陣營候選人相繼提出「客家政策白皮書」，才開始有對客家議題的基本主張。第二階段：2000年至2008年，民進黨執政時期，各陣營候選人的客家政策主張，經執政實踐後，並經政府部門審慎評估，始成為公共政策。第三階段：2008年至2016年，國民黨執政時期，延續前述民進黨客家政策，並實行重要事項。

　　相對於王保鍵對當代臺灣客家政策演進的分期，宋學文、黎寶文（2019：227-234）則提供我們另外一個角度：「主要政策論述者」及其活動，來切入客家相關事務的政策思考。與此，又可以大致分為以下論述與時期：

（一）客家風雲雜誌社時期：作為第一個由客家人組成之非傳統客家組織，他們自主導1987年底的客家大遊行以來，主要的運動訴求聚焦於：「還我母語」、「還我客家話」、「廢除廣電惡法」、「客家話要上電視」。對應上面的訴求，當時的執政者雖然以相關的微小改變與做法為回應[7]，但仍不脫「施捨性的安撫政策」之特質。

（二）臺灣客家公共事務協會時期：該協會於1991年成立，希望藉由政治參與的途徑，提升客家人與客家話在臺灣的地位。因此，他們積極參與民主選舉與相關政策論述，更在1995年成立「新客家助選團」，提出「客家說帖」，為認同「客家說帖」的候選人義務助選。曾經參與的選舉包括：1994年臺北

7　例如：製作簡短而樣板式的鄉土節目於冷僻的時段播出、三家無線電視台在中午新聞播出之前，增加15分鐘的客家新聞氣象、日後刪除廣電法對於方言的限制。

　　市長選舉[8]、1998年臺北市長選舉[9]、2000年總統大選[10]、2004年總統大選[11]。

　　客家文化作為臺灣在全球化下反應多元文化之特色時，客家文化必須具備其認定標準（客家語言）、有其客觀生存條件（客家參政活動），以及持續發展之機制（客家政策）。而在全球地方化（glocalization）的治理脈絡下，客家文化中極為重視的「溯源」與「宗族」觀念，正是全球化情境，部分文化喪失族群特色的危機之下，一個可供深化的研究領域；於此同時，當前的政策環境，也同時提供了一個新的理路，讓客家研究得以脫離過去過度重視「傳統」的視野，改以從「政策觀」而非「歷史觀」的方向邁進（宋學文、黎寶文，2019：205-215）。

　　也就是說，從本來並未有相對應的客家事務機關與行政制度，到原本分散於各部會的客家相關事務，改由透過客委會來協調、統籌，以成就客家教育與相關政策的推動。「臺灣客家的認同政治在從社會運動走向公共政策之後，到底發生了什麼樣的後果？」除此之外，除了比較屬於「爭議政治」性質的認同政治，在相對軟性的「文化政治」場域，又可以如何讀出客家認同政治的蹤影與痕跡？（許維德，2019：15）這些都是值得進一步爬梳的相關議題。「少數族群唯有自己的政治決策機制，免於他人否決，才不會使集體權的行使落空」（Kymlicka, 1988: 3），不同層級的客家事務機構，及其相應的敘事，讓我們得以思考，這樣的集體權，是否得到應有的落實？又對於相關的族群認同政治，帶來了怎樣的影響？

---

[8] 客家文化社會運動的主要訴求，首次成為民選政府認真面對並加以處理的公共議題（范振乾，2002：12-17）。

[9] 國民黨候選人馬英九承諾，若勝選後，將在臺北市政府設立一級單位，成立「客家事務委員會」。

[10] 各選舉陣營皆以「客家政策白皮書」形式，回應客家事務與宣示客家政見，是臺灣總統選舉中，「客家政策」之首見。中央層級的客家事務委員會，也成為各候選人之間的共識。

[11] 國民黨與民進黨兩大黨的客家政見，出現趨同的現象，相繼提出「族群平等法」、「國家語言發展法」。

三、文化：作為客家族群意義實踐、生產與框構的核心

在我們日常生活使用「文化」這個概念時，常常呈現過於寬廣的指涉。最爲人熟悉的定義可能是「人類生活的總稱」，它有時候指涉的是與音樂、文學、藝術這類需要長時間才能習得的技能之活動產物，具有相對精緻與高深的面向；有時候則用以代稱某些團體（小至社團、大至國家）的特質與生活方式，或者是與思想相關的面向。以下將以Spillman對於文化的理解，來概念化本文針對客家族群「文化敘事」研究中的「文化」所指涉的內涵。

根據Spillman（2002），文化可被視爲意義的創造（meaning-making），而研究者的任務，就是在探討意義創造的過程，以及此一過程對於社會生活所產生的作用。在這樣的界定之下，我們可以從以下三個層次分析意義創造的過程：1.實踐中的文化（culture in practice）；2.文化生產（cultural production）；3.探討文化架構（cultural frameworks）[12]。

就此「文化」定義，與客家族群「文化敘事」相關的「文化」，也可以依據這三種層次，次地展開討論。如，實踐中的文化，涉及到與客家族群日常生活實作的相關部分，包括：飲食、節慶、宗教生活、社會關係、親族網絡等，都可以在這一個層次，透過具體生活情境的分析，指認出意義製造的過程。而在文化生產的層次，則與客家音樂、客家戲劇，或相關客家表演藝術等特定場域的活動有關，可以成爲分析的對象。我們可以透過研究特定歷史脈絡、社會組織如何影響這些相關藝術的創造、傳播或者是流變，來勾勒這類生產的意義與價值。至於在文化架構的層次，主要以制度性的意義創造爲主，是故，我們可以從官方針對客家族群的文化論述文本、客家相關政策的說帖、政府各層級與客家文化政策相關的計畫、方案等爲分析對象，探究制度架構與設計，與文化生成的關係。

---

[12] 此部分的討論，轉引自蕭阿勤（2013：148）。

參、研究方法

本文以「敘事分析」（narrative analysis）為研究方法之主幹，分析中央（客家委員會）與地方（桃園市客家事務局）客家行政機構相關客家政策之文化論述，並對比各政策發生之時間序列，以及外在的政治、經濟、社會脈絡與相關族群論述。

敘事研究之所以提供了理解身分（族群）認同的可能性，正是在於「人們訴說的故事對於他們對『我是誰？』『我要成為怎樣的人？』『什麼是有意義的生活？』『我應該怎樣追求這種生活？』『我的生活目地與利益何在？』等一連串和自我存在與自我實現相關之問題所提出的答案之間的關係，亦即敘事與認同之間的關係，可以說是『過程的』（processual）。兩者既相互構成，又互為條件而相互限制，沒有哪一個是先驗存在的。」（蕭阿勤，2003：204）不管這個發出（族群相關）敘事的社會行動者是個人，或者是組織、群體，都是「認同與存在」的重要宣稱。

事實上，「範疇性的認同（categorical identities），亦即個人所屬的階級、性別、族群、世代等社會人群分類範疇或客觀身分，如果有形塑利益認知與催發行動的力量，通常必須經過特定敘事的中介、磋商（negotiated）與再建構，才能有條件地達成，而不是一個必然的結果。」（蕭阿勤，2013：141）換言之，我們所屬的社會人群身分（以此研究所關注的研究對象「當代客家族群」為例），不會使我們自然而然地明白相關的利益，也不會自動啟動與該人群身分有關的行動。一切皆待「敘事」及其脈絡的啟動，認同與行動方成為可能。

至於敘事的重要性，蕭阿勤認為：「敘事值得我們重視與探討，基本理由在於，研究敘事就等於研究時間對社會文化動態的某種重要作用。——敘事的基本性質在於傳遞人們生活在社會中的時間經驗，以及在這種經驗過程中的認同建構。」（蕭阿勤，2013：131）同時，「敘事傳遞現實，製造意義，也建構認同，一向在人類社會生活中扮演重要角

色。事實上，不僅各種個人的或集體的社會行動者在社會生活的實際過程中不斷對自我與世界進行『敘事的理解』（narrative understanding）、建構敘事，社會科學家分析社會、創造關於社會的知識，也通常無法脫離敘事。──特定的公共敘事與相關的集體認同，既能鼓舞人們的熱情與創造力，也同時可能協助社會複製既有的權力關係，持續對他者的扭曲與壓抑。」（蕭阿勤，2016：11）

　　就方法論的層次，柯志明則點出：「敘事或許可以被視為使用一種特定證明方式的論述（discourse of proof），目的在提供一種頗具說服力的說法，使得結局在總和考量先後發生的各個事件下，看起來就是個合理的結果。」（柯志明，2005：164）如果「族群認同」可以被視為是日常生活實作裡，內生的、具歷史性的實作體制（柯志明，2018），則我們的研究，在認識論的層次，必須將「敘事」放置回分析的核心，同時在本體論，亦即對於「何謂社會」的假設，也必須更重視「機遇」（contingency）與行動者的「能動力」（agency）。這也是本文在方法論的層次上，意欲遵循的啟發與原則。

　　「當代社會的族群性或國族性，是人們不斷與自我協商或與其他人協商而實踐的結果，並非先於社會、政治、文化的分類建構過程而存在。」（蕭阿勤，2016：17）而敘事，也正是協商內容的承載。關於客家族群相關的文化敘事，在此分析層次，應可被視為恰切的單元。

　　此外，本文也同時透過其他研究方法的支持，完備相關研究主題的不同面向。透過這些研究方法，採集更多與客家族群相關的文化敘事：

（一）深度訪談法：聚焦於公部門不同層級之客家事務執行政府官員進行報導人之深度訪談。在進行訪談對象選擇的同時，也將力求顧及報導人在行政權力位階、代間、城鄉上的特質差異與訪問數量平衡，以求對訪談群體的組成特質有更全面的掌握與理解。同時，徵詢受訪者同意後，在進行訪談時全程錄音，以利進一步的資料整理與分析。訪談的問題預計包括幾大方向：1.相關客家政策的形成過程；2.相關客家政策的論述產生方式

與生產者的可能思考與理解為何；3.相關客家政策的推行過程為何；4.相關客家政策的實作如何推動與評估。

（二）歷史研究法：重視時序與過程，是歷史取向的社會研究的主要特質。歷史研究方法，主要在於使用了「過程的觀點」，對成串具有因果關聯的事件，如何在時序中展開，加以分析（林國明，2015：176）。而在分析的過程中，「事件」（event）將被置於解釋的核心地位。聚焦於「事件」，透過其所包含豐富且具體的經驗內容，研究者才能夠看到社會結構與行動選擇之間的互動過程。尤有甚者，歷史研究關注的問題是事件生成的結果，而在解釋時，則常用敘事的方式來說明前後事件的因果關聯（林國明，2015：181）。這同時也證成了本文對於敘事分析的看重與使用。

肆、初步研究發現

客家委員會是全球唯一中央級的客家事務專責主管機關，以振興客家語言文化為使命，以建構快樂、自信、有尊嚴的客家認同為信念，以成為全球客家文化交流中心為願景，以「牽成客家、繁榮客庄」為目標（客委會官網）[13]。因此，自其成立以來，著力推動「全國客家人口基礎資料調查」、「推動客家語言復甦」、「推廣客家藝文創新發展」、「建構客家知識平台」、「制定客家基本法」、「保存客庄聚落」、「行銷新客家」、「輔導客家產業創新升級」、「連結國際客家」。可以說「客委會成立的目的在於復甦文化與喚醒認同，因此語言傳承、文化活動、族群傳播等，均成為其主要政策實質內涵。」（林果潔，2013：12）事實上，當我們對於相關的客家事務主管機關專責人員進行訪談時，其自身經驗亦

---

[13] 參考網址：https://www.hakka.gov.tw/Content/Content?NodeID=439&PageID=33588&LanguageType=CH（檢索日期：2019/10/5）。

體現了此種轉換客家「文化弱勢」位置的認同與工作目標[14]。

　　而施正鋒（2004：19）認為「行政院客家委員會之所以能快速成立，顯現的就是政治菁英超越黨派藩籬的初步共識：客籍立委背後的客家選票不可忽視。」基本上就是一個以「族群政治」為視角的論述。

　　本文以「客家運動相關事件」、「（行政院）客家委員會」、「桃園（縣）市政府客家事務局」為三個主要分析的群體或組織，透過報紙、網路、相關歷史、文獻資料、學術論著的交叉比對，將相關資訊整合建構出與這些群體或組織關聯的「事件」大事記（表5-1）。企圖透過日期排序表列，釐清事件發生的順序，以及推敲是否可能具有因果關係。湯京平（2015：255）認為，歷史事件至少在兩個面向上有其重要性，其一，某些看起來微不足道的細節，可能產生關鍵作用；其二，事件的前後，也具有關聯性。甚者，先前事件影響的極致型態，可能造成路徑依賴（path dependence）或鎖定（lock-in）的效果。因此，大事記的建立可以發揮收斂焦點的效果，完備事件發展的歷程。

表5-1　客家運動／客家委員會／桃園（縣）市客家事務局大事記

年份	客家運動相關事件[15]	客家委員會	桃園（縣）市客家事務局
1987	10/25「客家風雲」雜誌社創刊。		
1988	「人間雜誌」1月號（27期）出刊「海峽兩岸客家人專輯」。 12/28「客家權益促進會」成立，主導「還我母語大遊行」。		

---

[14] 該報導人曾在中央與地方層級的族群事務專責機構任職共23年。
[15] 此部分資料，參考林吉洋（2008）與筆者自行整理。

表5-1　客家運動／客家委員會／桃園（縣）市客家事務局大事記（續）

年份	客家運動相關事件[15]	客家委員會	桃園（縣）市客家事務局
1989	2/15「六堆風雲」雜誌創刊發行。 5月客家風雲雜誌停刊重組「人間雜誌」1月號（39期）出刊「台灣客家專輯」。		
1990	1月客家風雲雜誌社改為「客家雜誌」。 12/1「台灣客家公共事務協會」（HAPA）成立。		
1991	「客協」發表「新个客家人」宣言。 10/13「客協」參與「公投促進會」高雄舉辦的「1025加入聯合國」遊行。		
1992	12月「美濃反水庫運動」啟動。		
1993	「客協」成立「新客家助選團」。 7/14限制方言推展的廣電法。		
1994	客協「新客家助選團」參與臺北市長選舉，為陳水扁助選，跳脫原本跨黨派的主張。 9/18「寶島客家電台」正式開播。		
1995	客家雜誌、台灣客協、寶島客家電台參與「黨政軍退出三台聯盟」。		

表5-1　客家運動／客家委員會／桃園（縣）市客家事務局大事記（續）

年份	客家運動相關事件[15]	客家委員會	桃園（縣）市客家事務局
1996	新聞局正式核准「寶島客家電台」成立。 民間出現「中原客家衛星電視台」。		
1997	「寶島客家電台」正式設立基金會運作。		
1998	客協「新客家助選團」參與臺北市長選舉。 六堆菁英成立「反水庫義勇軍」。		
1999	921地震，客家地區受創嚴重，災後許多客家社區開始以「社區營造」的概念重建社區。		
2000	客協「新客家助選團」參與總統選舉，支持陳水扁提出之「客家政策白皮書」。 客家雜誌出版社舉辦「客家雜誌走過十三年」座談會。		
2001	由各領域專業人士籌組「台灣客家論壇協會」。	6/14成立「行政院客家委員會」[16]。	
2002	官方首次舉辦「桐花季」。 客家雜誌15年慶，陳水扁總統、馬英九市長皆到場祝賀。	舉辦第一屆客家文化會議。 推出客家桐花祭（苗栗公館鄉北河村）[17]。	

---

[16] 客家大老鍾肇政曾於行政院客委會成立時宣布，客家運動至此結束，其後的客家運動，將由客委會接手（宋學文、黎寶文，2019：230）。

[17] 客委會桐花祭操作，脫胎於文建會「社區總體營造」（2003）和「文化產業化，產業文化化」（1994）政策，同時結合CIS手段，形成一套文化節慶行銷模式（李威霆、林錫霞，2019：290）。

表5-1　客家運動／客家委員會／桃園（縣）市客家事務局大事記（續）

年份	客家運動相關事件[15]	客家委員會	桃園（縣）市客家事務局
2003	第一部客家話發音連續劇「寒夜」於公共電視八點檔播出。 金曲獎設置最佳客語演唱人獎。	7/1客家電視台成立。 舉辦第二屆客家文化會議。	
2004	客協「新客家助選團」參與總統選舉。 客家雜誌創刊16年後首次封面改版。	客委會首度在勝興車站舉辦桐花祭。	
2005	「台灣客家聯盟協會」創立，楊長鎮任創會理事長。	推動「台灣客家特色商品輔導計畫」。	桃園縣客家文化館主體建築完工，由桃園縣文化局經營。
2006		推出「客家美食嘉年華」、「客家博覽會」。	
2007		辦理「2007台灣客家特色商品聯合行銷招商大會」。 「音樂唱盤—聽見客家歌」、「就愛客音樂」等客家音樂廣播節目開播。	
2008		設計「Hakka TAIWAN」標章[18]。 12/27舉辦「台灣客家博覽會」。	8月配合「桃園客家文化節」，桃園縣客家文化館正式營運，定位為「全球華人客家影音中心」。

---

[18] 客家委員會為推動客家產業發展，確保客家商品及通路品質，於2008年設計「Hakka TAI-WAN臺灣客家」標章作為優質客家特色商品辨識商標，讓消費者安心選購客家相關產品。「Hakka TAIWAN臺灣客家」標章設計以客家藍衫傳達客家質樸、重感情的特色。「藍衫」代表客家傳承的生活美學，外型以簡潔、現代的線條來表現，傳達客家文化精品店時尚、流行及重情感的特色，粉紅色代表祝福滿滿幸運滿滿，藍color象徵客家精神勤儉質樸（參考客委會網頁：https://webc.hakka.gov.tw/hakka/about.htm，檢索日期：2019/10/7）。

表5-1　客家運動／客家委員會／桃園（縣）市客家事務局大事記（續）

年份	客家運動相關事件[15]	客家委員會	桃園（縣）市客家事務局
2009	客家事務預算從本年起連續3年成長20%，在2011年提前達到國民黨政府選舉承諾[19]。 「客家雜誌」發表社論「現在是發動第二波客家運動的時候」[20]。	舉辦「第一屆客家特色商品國際展」。 首次召開「全國客家會議」。 開辦「客語薪傳師」制度。	
2010	總統公布施行「客家基本法」[21]。 公務員高普考試與政府地方特考增設「客家事務行政類科」。	開始舉辦「客庄十二大節慶」[22]活動。 完成「客家美食HAKKA FOOD」圖文設計。 推出「桐花文學獎」活動。 公務員高普考開始設立「客家事務行政科」。	
2011	「台灣客家聯盟」等客家社團針對「高師大客研所」裁併事件發表共同聲明，為爭取台灣客家文化高等教育支援進行連署。 「台灣客家聯盟」等二十幾個團體發表聲明，要求制定「國家語言發展法」。 「台灣客家論壇協會」十週年慶，舉辦「2011NDF國家發展論壇」。	2/25公告「客家文化重點發展區」。 訂「天穿日」（農曆正月二十）為「全國客家日」[23]。	1/1成立桃園縣政府客家事務局。

---

[19] 參考葉德聖（2012：167）。

[20] 所謂「第二波客家運動」指客家文化的深度化、全面化、主流化、年輕化。

[21] 客家運動界人士對此大法「愛恨參半」。愛其讓客家事務之推動終能於法有據，恨其實質內容，亦無規範與強制性，讓客家人士失落甚大（葉德聖，2012：205）。

[22] 「客庄十二大節慶」為全年12個月舉辦16項主題活動，1月為美濃「迎聖蹟，字紙祭」；2月為苗栗「火旁龍」、東勢新丁粄節、六堆福攻炮城文化祭、新竹「天穿日」臺灣客家山歌比賽；3月為南投國姓「搶成功，鹿神祭」；4月為客家桐花祭；5月為苗栗頭份四月八客家文化節、苗栗三義雲火龍節；6月為桃園「桐舟共渡，歸鄉文化祭」；7月為花蓮「歡喜鑼鼓滿客情，鼓王爭霸戰」；8月為新竹義民文化祭；9月為桃園平鎮客家踩街嘉年華會；10月為六堆嘉年華；11月為新竹國際花鼓藝術節；12月為客家傳統戲曲收冬戲。

[23] 傳統上客家人在這一天會放下工作，一來忙裡偷閒，二來讓大地休養生息，極富有愛惜自然與環保等時代精神（行政院客家委員會，2010）。

表5-1　客家運動／客家委員會／桃園（縣）市客家事務局大事記（續）

年份	客家運動相關事件[15]	客家委員會	桃園（縣）市客家事務局
2012		1/1配合行政組織再造，由「行政院客家委員會」改制為「客家委員會」。	舉辦2012桃園好客海洋音樂季—「搖滾吧！觀音」樂團PK比賽。
2013		客家文化生活環境營造計畫。 「看見文學身影・魯冰花龍潭敘事空間計畫—龍潭文學館籌備工作站」揭牌儀式。	舉行「客庄幸福味」活動，客家餐廳輔導與認證正式起跑。
2014		第二屆臺灣國際客家文化藝術季「精彩客家・傳揚世界」開幕典禮。 「客庄青年創業競賽暨媒合輔導計畫」啟動。	5月客家事務局舉辦「桐花創意美食PK賽」、「桃園濱海搖滾樂—全國搖滾音樂PK賽」。 11月推動「永安漁港客家雙星、產業雙軸計畫」。 12/25改制為桃園市政府客家事務局，強調「客家走入生活、客家結合城市、客家連結歷史」。
2015		舉辦「客家流行音樂校園」巡迴演出活動。 辦理「2015客家青年領袖夏令營」。	推出「客家短片培訓計畫」。 推出客家文化節「大戲巡庄，聲客饗宴」。
2016	總統宣示浪漫台三線計畫、新南向政策，希望海外客家人社團支持、共同推動。 副總統陳建仁於「2016海外客家社團負責人諮詢會議」宣示將臺灣打造為「全球客家文化新都」。	國家考試的客家事務行政類科加考「客語口試」。	財團法人桃園市客家文化基金會登記設立，由桃園市長擔任董事長。

表5-1　客家運動／客家委員會／桃園（縣）市客家事務局大事記（續）

年份	客家運動相關事件[15]	客家委員會	桃園（縣）市客家事務局
2017	客家浪漫台三線計畫開始執行（2017～2021）。 總統接見「台灣客家聯盟協會」，盼集結眾人之力推動「浪漫台三線」計畫，成為客家文藝復興及產業再造之社會工程。 全國性客語廣播電台「講客廣播電台」（6/23正式開播）。	通過「客家基本法」修正案，明定「客語為國家語言之一，與各族群語言平等」。	舉辦「客家月光團圓音樂宴」。
2018	總統、副總統在不同會議場合表示全力支持海外客家幹部，透過「客家三六九」政策復興客庄產業（浪漫台三線、靚靚六堆、幸福台九線）。 客家基本法修正條文，明定客語為國家語言。 客家權益促進會、客家風雲雜誌社等團體共同召開記者會，發表「台灣客家宣言」，共同推動「客家改造運動」、「台灣母語運動」、「台灣文藝復興」。 各團體舉辦客家運動30年相關學術活動、特展。	訪視客家產業發展「地方創生」現況。 主委參加財團法人寶島客家廣播電台舉辦之「二十五週年台慶暨募款餐會」。	桃園客家2018年創新提案競賽活動、客家故事徵選活動。 3月主辦「客家流行歌唱大賽」。 7月主辦「好客音浪魔幻派對」。 舉辦「客家傳統音樂節」。
2019	總統宣布啟動「六堆三百週年慶籌備委員會」，用國家級規格辦理六堆300年慶典活動。	舉辦「台灣客家音樂節」、「客家流行音樂大賽」、「浪漫台三線藝術祭」、「客庄地方創生輔導團」。	舉辦桃園市客家文化館後方公園，環境改造參與式預算計畫說明會。 10月舉辦「客家傳統音樂節」。

　　一般社會科學歷史研究對於時間的處理，有兩種方式：第一，將時間當作脈絡，具體劃定所要分析事件與行動的時間範圍；第二，將時間當作再製或轉化結構的行動依序展開的過程，分析前面的行動選擇創造何種條件而影響後來的選擇（林國明，2015：207）。本文以「事件」為單元製作的大事記，傾向於將事件與過程的時間序列，以前述第二種方式看待。也就是說，這些被記錄或者選擇出來的事件，由既有的（政治、族群）結構引發了行動的序列。而這些事件的出現，並不一定立即轉化了結構，而是改變了結構的特質，繼而可能影響未來的行動選擇。

　　我們從上面的表5-1來看，1987年至2000年，所謂的客家敘事基本上是在「客家運動」這樣的脈絡下推動。從一開始的「還我母語遊行」，到積極介入選舉與政黨政治的「新客家助選團」，不管是對於語言流失的焦慮、對復振語言的策略與思考（辦雜誌、製播客語廣播、創立客家電台、積極介入定期選舉），都是在與公部門「抗爭」、「磨合」的型態下進行。而「語言」作為界定「族群性」（ethnicity）具足與否的重要判準，也在這個時期成為客家運動敘事的重要文本。至於公部門對運動的回應，根據研究報導人指出，客家委員會規劃初期，曾經從事全國客家語言能力狀況調查，調查出來的結果「令人驚訝」。這也使得官方較為願意回應客家運動的需求[24]，思考積極的、「特殊的」[25]相關語言政策。

　　王甫昌（2018：12）認為，影響語言移轉或語言流失因素，大致上可以區分為宏觀的「制度性」或「結構性」因素，以及微觀的「個人性」因素。其中，所謂的制度或結構，包括「學校教育」、「媒體場域」、「社區」、「家庭」。而在都市化及教育普及的現代化過程中，客家人大量移出客家人集中地區，才是影響當代客家人語言流失的重要因素（王甫

---

[24] 相關公部門客家事務報導人亦表示，其在擬定客家政策或是計畫，都要以客家語言的發展與復甦作為核心工作。例如舉辦桐花祭，也要搭配「客家童謠比賽」，趁此將語言相關的活動帶出來。

[25] 報導人陳述：「你客家的語言如果沒有用特殊的方式來挽救的話，它不超過50年，客家話會在臺灣消失，客家話消失就沒有客家文化，沒有客家文化就沒有客家人，所以你如果不從客家語言去著手來挽救的話，臺灣的客家人是50年之內就沒有了啦！」

昌，2018：15）。1950年代到1960年代出生的客家人，在1980年代末期到1990年代初期發起客家文化運動正是因爲這些運動發起人，由客家聚居遷出，因此同時面對了語言政策與他群人口優勢的壓力，經歷了「語言轉移」的族群隱形化經驗，並感受到子代客語能力流失。也使得「客語」在中壯年世代，成爲客家身分意識與認同的重要內涵（王甫昌，2018：36），也成爲客家運動中的「顯學」。

　　從謝文華（2002）的研究可知，臺灣客家母語運動的語藝歷程分爲四個時期：第一個時期（1987～1990）：此時公視開播獨缺客語，語藝任務在於「對外界定受害事實，對內喚起母語意識」。第二時期（1990～1993）：宣示身分，論證「客家人是臺灣主人，客家話是臺灣話」。第三時期（1993～1996）：活化與延續，「對外爭取保育與傳承，對內活化與重鑄客家」。第四時期（1996～2001）：去隱形化，爭取客語實質平等的地位，推動客語「公領域化」，建立「母語使用的主體性意識」。根據施正鋒（2004：21）的說法，客委會成立之後，將其文化與語言政策規劃分爲三大方向：短期的本質鞏固、中程的結構公平，以及長期的族群關係。所謂短期，也就是落實客語教學；中程則是制定「語言平等法」，取得客語在公共領域的平等地位，同時，爭取專屬客家族群的頻道（2003年開播客家電視台）；長程來說，除消極地將客語提升爲官方語言，更積極地要求每個人從小至少學習一種其他族群的母語。而這些預期中或已完成的政治力介入文化工程，轉化了異議政治（politics of dissent），將「語言的流失」排進議程，成爲待解決或被解決的議題，緩和了運動積累的衝擊力道。

　　相對於客委會成立之前，客家文化建設由文建會來統籌，客家教育與推廣隸屬於教育部，客家民俗禮儀與宗教規劃爲內政部的管轄範圍，客家傳播由新聞局負責（葉德聖，2012：175），客委會的成立，一方面收斂、統籌了客家事務的權力與問責；另一方面也標示了語言作爲文化敘事主體，從體制外的社會運動被吸納到體制內，經歷了法規、制度等建制化（institutionalized）過程，成就了如葉德聖（2012：165）所謂臺灣客家

運動的制度化期。

　　另一方面，中央層級的「客家委員會」與地方層級的「桃園（縣）市客家事務局」的建置，不但出現了時間的落差，亦出現了敘事上的開展與分歧。而這之間所透露出的，可能即是臺灣社會「族群」議題在新自由主義治理趨勢開展之下，所應對出的政治場域實作與族群性商品化開端。

　　中央單位透過「桐花祭」、「嘉年華」、「博覽會」等活動規劃將「客家日常」節慶化；同時設法透過複製與量產，將客家文化產品變成為一般遊客的大眾消費品。Comaroff & Comaroff在其作品*Ethnicity, Inc*（2009）解析族群性商品化時指出：族群身分的商品化涉入了某種浮士德式的交易，這一方面涉及了自我嘲弄（self-parody）與貶值，但另一方面，卻又可能讓人們有機會透過市場（重新）塑造認同，（重新）活化文化主體性、（重新）喚起集體的自我覺察（self-awareness），以及塑造新的社會性（黃應貴，2018：5）。可以說，客家委員會成立之後，常態性地透過各類型活動所傳遞的文化敘事，成為族群性的兩面刃：一方面文化轉譯為交易與現金、品牌，延伸為財產權、專利權、版權，成為市場經濟中備受期待與流通的品項，挑戰了文化的本真性與純粹；另一方面，這些文化節慶與商品，透過在市場上「被看見」，一定程度上也讓人們透過體驗，認識了文化的差異性，進而增加了對（客家）族群性的理解，並增強了實質的認同，體現了認同經濟的效力。

　　相對於中央層級對客家的「節慶化」，掌管地方族群事務的政府組織，為了使「族群性」更易連結於日常生活核心，並且更適合於評價、稽核與管考，更傾向也擅長於將特定的活動、競賽與文化敘事連結，而使之「事件化」。不管是「大戲巡庄」、「美食創意PK」，抑或是「短片培訓」、「音樂節」，這些活動跟隨著客家事務中央主管機關的文化敘事定調，進一步將族群文化拆解為更輕薄短小的參與人數、情感表達與風情體驗。所謂的「輕薄短小」在這裡不是負面的貶義，而是反映地方政府體制對治理效率的需求與操作。在這些「輕薄短小」的活動中，情感、歷史、族群的榮光，依舊是可以被論述的內涵，但更重要的是，它勾連了當代社

會新自由主義經濟體制下，人們在工作之外的生活場域中，對於休閒、娛樂、消費的即時需求，也以「活動」成就了政府部門的「績效」。

伍、結語

　　回應本文起始時的問題意識，若要談論族群政治，則必須關注兩個基本問題：（一）族群如何成為一個集體的行動者？（二）族群作為一個集體的行動者，他的政治表現形式為何？從客家運動，到中央層級客家委員會的建置，再到地方層級的桃園市客家事務局，我們可以勾勒出一個歷史的軌跡與圖像，在這個圖像中，客家族群的面貌，既是延續的，但也可以說是被國家治理所改造而斷裂的；而客家族群作為集體的行動者，他的政治表現形式，從體制外的被壓迫者與抗爭者，經由建制化進入到體制中，成為體制內的政府制度維持者與運行者，以及議題的設定者與操作者。對於客家族群透過不同層級文化敘事所體現出的當代臺灣客家族群政治面貌，本文仍需要更多的證據與分析，才能完備其理解，完整其論證。

參考文獻

一、中文部分

王甫昌（2004）。由民主化到族群政治：臺灣民主運動的發展，1970s-1990s。載於國史館編，二十世紀台灣民主發展，頁535-590。臺北：國史館。

王甫昌（2018）。當代台灣客家人客語流失的影響因素之探討。全球客家研究，11，1-42。

王保鍵（2011）。台灣客家運動與《客家基本法》。國立臺灣大學社會科學院國家發展所博士論文。

李廣均（2019）。文化團體VS.政治社群：試論當代台灣的兩種族群政治觀點。客家、認同政治與社會運動，頁65-97。新竹：交通大學出版社。

李威霆、林錫霞（2019）。客家桐花祭的族群意象與消費認同：以勝興桐花村的發展爲例。客家、認同政治與社會運動，頁289-346。新竹：交通大學出版社。

吳乃德（1997）。國家認同與民主鞏固：衝突、共生與解決。載於游盈隆（編），民主鞏固或崩潰：台灣二十一世紀的挑戰，頁15-30。臺北：月旦出版社。

汪宏倫（2016）。結語：對「族群、民族與現代國家的省思」。載於蕭阿勤、汪宏倫（編），族群、民族與現代國家：經驗與理論的反思，頁437-452。臺北：中央研究院社會學研究所。

宋學文、黎寶文（2019）。客家運動之政策分析。載於客家、認同政治與社會運動，頁205-248。新竹：交通大學出版社。

林吉洋（2008）。台灣客家認同與其承擔團體—台灣客家公共事務協會（1990-1995）的發展與政治參與。載於多元族群與客家：台灣客家運動20年，頁370-400。新竹：台灣客家研究協會。

林果潔（2013）。客家文化形象之敘事分析：以「客家委員會」官網為例。南華大學傳播研究所碩士論文。

林國明（2015）。第六章：歷史研究法。載於社會及行為科學研究法：質性研究法，頁171-218頁。臺北：台灣東華書局。

柯志明（2005）。歷史的轉向：社會科學與歷史敘事的結合。台灣社會學，10，149-170。臺北：中央研究院社會學研究所。

柯志明（2018）。台灣社會變遷研究的歷史轉向：對整體觀與貶抑歷史敘事的一點

反思。台灣社會學，63，1-62。臺北：台灣社會學會。

徐正光編（1991）。徘徊於族群與現實之間：客家社會與文化。臺北：中正書局。

張茂桂（1997）。臺灣的政治轉型與政治的「族群化」過程。載於施正鋒編，族群政治與政策，頁37-71。臺北：前衛。

張茂桂（2002）。多元主義、多元文化論述在台灣的形成與難題。載於薛天棟（編），台灣的未來，頁223-273。臺北：華泰文化事業公司。

許維德（2019）。客家、認同政治與社會運動導論。載於客家、認同政治與社會運動，頁11-63。新竹：交通大學出版社。

施正鋒（2004）。台灣客家族群政治與政策。臺北：財團法人新新台灣文化教育基金會。

范振乾（2002）。客家事務行政體系之建構。載於行政院客家委員會編，客家公共政策研討會論文集，頁12-17。臺北：行政院客委會。

湯京平（2015）。第八章：個案研究。載於社會及行為科學研究法：質性研究法，頁249-279。臺北：台灣東華書局。

葉德聖（2012）。台灣客家運動之未來方程式：形成與發展（1987-2012）。國立臺灣大學國家發展研究所碩士論文。

黃應貴（2018）。族群、國家治理、與新秩序的建構：新自由主義下的族群性。載於族群、國家治理、與新秩序的建構：新自由主義化下的族群性，頁1-58。臺北：群學出版社。

謝文華（2002）。客家母語運動的語藝歷程（1987-2001）。輔仁大學大眾傳播就所碩士論文。

謝世忠（2019）。《客家族群關係》導論：彰顯現代性課題—客家族群關係研究的新進程。載於客家族群關係，頁11-31。新竹：交通大學出版社。

蕭阿勤（2003）。認同、敘事、與行動：台灣1970年代黨外的歷史建構。台灣社會學，5，195-250。臺北：中央研究院社會學研究所。

蕭阿勤（2016）。導言：族群化、國族化的政治、文化與情感。載於蕭阿勤、汪宏倫主編，族群、民族與現代國家：經驗與理論的反思，頁1-21。臺北：中央研究院社會學研究所。

二、外文部分

Brubaker, Rogers (2004). *Ethnicity without groups*. Cambridge, MA: Harvard University Press.

Guillory, John (1993). *Cultural Capital: The Problem of Literary Canon Formation*, Chicago: University of Chicago Press.

Kymlicka, Will (1988). *Finding Our Way: Rethinking Ethnocultural Relations in Canada*. Don Mills, Ont: Oxford University Press.

Spillman, Lyn (2002). *Cultural Sociology*. Lyn Spillman (Ed.), Malden, MA: Blackwell.

第三部分

客語復振

張陳基

壹、前言

　　經濟發展帶來文化流動及語言接觸之社會多元化現象，社會變遷及科技創新改變人際互動方式，為臺灣客庄地區帶來衝擊及挹注新的元素。不同程度的經濟發展影響語言的學習、使用、保存及創新，在客家重點發展鄉鎮之中，有些族群邊界有明顯區隔，有些地區的族群邊界卻逐漸在消失。跨族群的社會接觸中，不同群體之間因為生存所需，在彼此資源競爭關係中，透過血緣、文化或是歷史淵源而連結，共同維護資源的合作關係，產生的主觀異己感，稱之為族群邊界（Barth, 1969）。學者Wimmer等人提出影響族群邊界變遷發展的主要因素有三：代表社會領域的權力分配（distribution of power in a social field）的權力階層（power hierarchies）、建立社會網絡範疇（the reach of established social networks）的政治網絡（political networks），以及引導族群邊界改變的制度安排（institutional arrangements）（Song, 2014; Wimmer, 2013），尤其是制度安排所產生的驅動力，可以改變族群認同與族群邊界。

　　族群邊界研究近年來逐漸受到重視，越來越多關於族群意識的研究由文化內容（content）轉向邊界的研究。因為族群意識的形成是在於主觀上具有區分「我群」與「他群」的族群邊界，而非族群內部共享的文化內容。因此，在進行族群研究時，除了將族群視為一個社會組織進行客觀描述外，還必須進一步觀察其族群邊界的演變（Barth, 1998; 黃宣衛，2010）。制度安排作為改變族群邊界的驅動力，試圖通過擴大或限制自身的族群範疇大小來重新劃定界限，透過改變族群等級排序來修改現有邊

界，透過改變族群在整體社會系統內的位置或是強調其他非族群的歸屬形式。從日常談話到人口普查形式，人們經常用特定的族群分類來描述多元化族群社會，象徵性用文化辨識符號（例如說話腔調、服裝）來標記族群邊界，以便明確區分群體成員，為自身的群體成員提供特權並歧視外人，在政治組織上讓一個特定的族群特別顯著，甚至對特定族群成員使用暴力和恐怖行為（Wimmer, 2013）。

　　分布在臺灣地區的四大族群，分別是閩南族群、客家族群、外省族群與原住民族，四大族群的族群分類，以及與之相關的「族群意象」、「語言文化」、「歷史記憶」、「政治行為」的差異，是勾勒及分析當前臺灣族群關係不可或缺的概念與測量工具（王甫昌，2002b）。依據客家委員會105年度全國客家人口暨語言調查，符合「客家基本法」中對於客家人定義「具有客家血緣或客家淵源，且自我認同為客家人者」，全國約有453.7萬人，占全國人口的19.3%（客委會，2007），客家人數約占臺灣人口的五分之一，也就是說臺灣的客家人屬於少數族群。客家族群在臺灣地區需要積極的政治參與，始能保護自身文化權利、政治權利以及經濟權利，語言權利是屬於文化權利之一，其中包含族群語言使用與受教權利。目前客家語已成為國家語言之一，如何推動客語傳承以及受教權益是重要的議題，臺灣客家人在1988年發起「還我母語」運動，爭取自身文化的權利保衛運動，經過多年持續努力，已經有了不少成果。

　　客家委員會成立於2001年，客家電視台於2003年開播，全程使用客家語（四縣腔、南四縣腔、海陸腔、大埔腔、詔安腔、饒平腔）發音的客家專屬電視頻道。2017年講客廣播電台正式成立開播，是臺灣第一家以客家話播音的全國廣播電台。立法院在2017年三讀通過「客家基本法修正案」，正式將客語列為國家語言，2018年立法院三讀通過「國家語言發展法」，明定客家人口達二分之一之地區，應以客語為主要通行語，這些均可視為驅動族群邊界改變的制度性安排。「還我母語」運動經過了30年，期間許多的制度與公共政策深深影響了客家語的復興，而究竟「制度」在整個客家語復興過程中扮演著何種角色，本文將以「制度安

排」理論為基礎，探討制度安排下臺灣客庄地區族群語言使用的變遷。

貳、理論基礎

一、制度安排

在客家族群全球化的發展下，客家語言是族群重要的表徵之一。客家族群重視文化權利的爭取，尤其是語言權利。無論是東南亞地區或是北美地區的客家人，抑或是分布在世界各地的客家族群，都可以感受他們維繫傳承客家語言文化的使命感，在不同國家的客家社團中，仍然以客家語作為正式開會的用語，並鼓勵其子女學習客家語。本文在族群邊界變遷議題中，專注在語言使用的變遷。談論到制度安排下客家語言使用的變遷，首先需要先了解什麼是制度安排（institutional arrangement）。「制度」是一種人為設計可以約束人類行為的一種規則，學者North將制度定義為「社會運作規則」或「塑造人際互動的人為限制」，是社會長期發展的重要決定因素（Iyer, 2016; North, 1990）。制度也是集體認同的規則與符號，加上政府組織（或是社團組織、宗教團體等）的行為信念與期望，進一步影響人民（或是會員、信眾）選擇以及意圖（Aoki, 1996）。因此，制度可以分為正式的律法規則以及非正式的習慣約束，正式的律法規則包括憲法、法律以及各項立法管制等；非正式的習慣約束則包括風土習俗、倫理道德、宗教戒律等行為規範，無論是正式的律法規則或者是非正式的習慣約束都有一套執行的機制，而且都被普遍認可及遵守。所以，制度是自我遵守以及社會互動的昭示行為典範（Aoki, 2007），制度雖然不是恆久不變，但卻是相對穩定的行為準則（Greif and Laitin, 2004）。

正式律法規則或非正式習慣約束的推動機制是透過制度安排來建構制度環境（institutional environment），制度環境意指基本的法律、政治、社會和宗教規範構成生產、交換和分配的基礎環境。制度環境能影響族群

意識的形成，若制度環境能夠促使自身利益對族群認同相符合，則族群偏好所處社會環境的程度可能會與時俱增（Kyriacou, 2005）。有些學者認為族群認同可以視為一種私人消費品，讓願意為之付出代價的個人感到滿意（Brennan and Buchanan, 1984），在多元化社會中，語言、宗教和傳統習俗的選擇可能會影響個人行為的交易成本，個人選擇表達自我族群認同的部分原因在於制度環境中所產生的交易成本（Hardin, 1995），也就是說，如果制度環境不符合個人的經濟利益，則隨著時間的演進，其族群認同可能會減弱。制度安排是社會結構中的基礎建設，確保相關單位能夠促進族群利益、自然環境、法律、經濟、政治和社會投資，以增加族群福祉（Board and National Academies of Sciences, 2009: 4），但目前關於制度影響族群認同的相關研究較少。

　　制度安排意指政府組織（或是社團組織、宗教團體等）間的一種安排，管理這些單位之間以及人民（或是會員、信眾）的競合關係，提供規範使其成員合作或提供機制以影響權力的變化（Davis, North and Smorodin, 1971: 6-7）。制度安排會導致制度環境的變遷，制度變遷可分為誘致性制度變遷和強制性制度變遷兩種。誘致性制度變遷是現行制度安排的變更或替代，或者是新制度安排的創造，是由個人或一群人在響應獲利機會時自發倡導、組織和實行。與此相反，強制性變遷是由政府命令和法律引進並且實行的（黃鴻博，2010）。族群學家在研究政治活動以及產業經濟活動時，開始注意制度和制度安排的重要性，制度性研究將過去族群發展的研究，提升至族群發展的結構性研究，更全面了解族群認同提升、族群衝突、次族群等當代族群研究議題（Barbashin, 2016）。

二、新制度經濟學

　　過去研究提出族群認同是一個動態的概念，認同變遷明顯出現在族群世代改變的時刻（Phinney, 1990），族群世代出現明顯差異則是受到時間推移以及環境變化所影響。過去關於臺灣民眾族群意識之研究，較少考

慮地區差異，然而在族群意識急遽變遷的情況下，地區差異的重要性逐漸被注意到（王甫昌，2002a）。臺灣客家族群意識已發展成爲一個主動、積極、具有行動力，且共識上具有歸屬感的人群團體意識（groupness）（劉埐珊，2016），就客家人口達三分之一的客家文化重點發展區，隨著臺灣經濟發展，面臨急遽政治經濟變遷，是觀察認同變遷的最佳對象。研究族群的相關文化時，從強調客觀指標（objective indicators）轉變爲重視行爲者的主觀焦點（subjective focuses）。這樣的觀點形成了Fredrik Barth後來提出的邊界（boundary）理論（黃宣衛，2010）。Fredrik Barth認爲族群是由其本身組成成員認定的範疇，造成族群最主要的是其「邊界」，而非語言、文化、血緣等「內涵」；一個族群的邊界，不一定是地理邊界，而主要是「社會邊界」。人群之間建立了邊界，便形成了「族群」團體，觀察族群的邊界比對族群做客觀的描述來得重要（Barth, 1998）。

　　透過新制度經濟學可以觀察族群邊界的變遷，新制度經濟學的目標是研究在制度演進背景下，人們如何在現實世界中作出決策，而這些決策又如何改變社會（North, 1990）。強調研究人群、制度與經濟活動以及彼此之間的相互關係，用制度經濟的觀點重新解釋歷史，形成了制度變遷理論。新制度經濟學的觀念與分析工具已普遍地被運用於公共行政領域的研究，舉凡官僚體系的管理、公私組織管理的比較、立法與行政的關係，以及公共政策的選擇等（徐仁輝，1995）。本文即透過制度的演進觀察，了解少數族群如何因應制度的改變，而形成語言使用的變遷。

三、語言政策

　　在國際交流頻繁以及文化全球化的今天，人們經常需要學習一種以上的語言，接受雙語教育甚至是三語教育，無論是母語或者是國際語言都被視爲個人重要的競爭力。1982年通過「加拿大人權暨自由憲章」，將語言權納入憲法保障，特別強調並保護少數族群語言教育權利（minority language education rights）。少數族群權利（minority rights）大致可以分為文化權、政治參與權，以及自治權，而語言權（language rights）屬於文化權的一種，包含母語使用、母語受教、族群學校，以及官方語言的地位四大類（施正鋒，2015）。

語言教育政策（language-in-education policy）在推動母語教育中扮演著重要的角色，語言教育政策經常跟族群政策或是其他經濟政策相互矛盾，例如在訂定客家語言為國家語言時，教育部就必須在小學及中學安排母語課程，但是與原本師資培育的政策及資源分配上經常是互斥的。教育政策通常是以多數族群語言為主，或者是積極推動國際語言，在母語的教育或者是少數族群的語言推動上，會出現相互牴觸的情形（Tikly, 2016）。

在討論少數族群的語言傳承政策時，經常是採用工具論或者是權力論觀點，工具論觀點主張語言可以帶來個人競爭力的提升，以及幫助族群創造經濟價值。語言是溝通的工具，同時也是謀生的基本能力，透過語言的使用可以決定是否能夠獲得合理的政治權力、經濟利益、社會地位，以及文化認同（施正鋒，2015）。就少數族群而言，為了生計經常需要去學習所屬社會中的多數族群語言，花更多的時間成本去記憶學習其他不同族群的語言。權利論觀點說明語言教育是族群基本權利，不應該被多數族群語言所剝奪或是壓抑，應當受到國際人權條例的保護，國家應該推動少數族群語言的傳承，鼓勵在公私領域使用族語、提供各階段的族語學習途徑，以及提供多數族群學習少數族群語言的機會（施正鋒，2015）。在世界人權發展趨勢中，「歐洲區域或少數民族語言憲章」（European Charter for Regional or Minority Languages）提出國家應該提供推動少數族群在公領域、私領域都能夠使用少數族群語言的政策（Europe, 1992）。更積極的政策是García提出的少數族群語言教育方式──「雙向雙語教育」，除了讓少數族群可以有母語受教，讓學生能夠學習少數族群語言，也讓多數族群有機會學習少數族群的語言（García, 2006; 施正鋒，2015）。

四、客家委員會制度性安排

　　客家委員會是臺灣主管客家族群事務的國家級行政機關，成立於2001年6月，其目標是制定客家語言政策，執行各項客家行政事務，透過制度性安排來復興日漸流失的客家文化，延續客家傳統文化命脈。每一個國家都有自己的語言政策，隨著國際人權的發展趨勢，幾乎所有國家都嘗試著保護少數族群語言。例如加拿大在語言政策上採用了英法雙語的語言政策，其他國家也有許多不同的語言保護措施，積極介入法規制度的安排，不論是在區域平衡觀點或者是個人權利觀點，都是為了讓少數族群語言能夠確實被保護。臺灣的語言政策與時俱進，隨著客家委員會的成立，訂定了許多不同的客家語保護及推廣措施，讓臺灣社會中的大多數族群以及客家人本身都能夠有機會接觸到客家語以及學習客家語，目前客家語在臺灣社會當中已經逐漸被認同，而且也被確立為國家語言。

　　客家語成為國家語言後，在政府部門，或者是客家文化重點發展區內都可以使用客家語，讓客家人更認同臺灣社會，也讓臺灣社會更加認同臺灣的客家人。在臺灣推行的客家政策主要有成立客家委員會、劃分客家文化重點發展區、成立客家電視台與講客電台等，以及最重要的推動客語為國家語言之一。「客家委員會推行客語能力認證作業要點」於94年3月4日行政院客家委員會客會文字第09400018682號令訂定發布。其中歷經四次重要的修正，第一次修正時間為2007年12月20日，修正主要內容將「客語能力之認證方式分為初級、中級、中高級與高級」，並明定「取得客語能力認證中高級（含）以上資格，並參加直轄市、縣（市）主管教育行政機關所舉辦之客語教學支援人員認證（得免參加客語筆試、口試）合格者，將可取得國民中小學客語教學支援工作人員之合格證書」。第二次修正時間為2012年2月10日，修正主要是將「行政院客家委員會」改為「客家委員會」。第三次修正時間為2013年8月26日，主要修正各等級認證之合格成績，原「中級與高級認證，筆試成績占四十分，口試成績占六十分，以上兩項成績合計達七十分以上者為合格」改為「總分三百

分，筆試占一百分，口試占二百分，以上兩項合計達一百五十分以上未滿
二百一十五分者，為中級認證合格；達二百一十五分以上者，為中高級認
證合格」，修正後強調口說能力。第四次修正時間為2018年5月22日，依
據客語檢定實施情況，再次修正各等級認證之合格成績。

　　客家委員會於2007年12月24日訂定「客家語言能力認證考試規費收
費標準」，明定參加客家語言能力認證考試者，應繳納簡章費用新臺幣
50元、報名費用新臺幣500元。報名費基於推廣客語及教育宣導之需，減
半收費，至2010年12月31日止。考試合格證書，收取製作費新臺幣200元
整，補發、換發者亦同。基於推廣客語及教育宣導之需，初次領發者，免
收合格證書費，至2010年12月31日止。所定收費數額，依辦理費用、成
本變動及消費者物價指數變動情形等影響因素，每3年至少檢討一次。重
要的一次修正為2009年4月23日明定19歲以下者，得免徵報名費，這些報
名收費標準的調整也影響歷次客語檢定報名情形。

　　客家委員會為加強客家語言、文化與文化產業之傳承及發揚，特依據
客家基本法第6條第1項規定，對於客家人口達三分之一以上之鄉（鎮、
市、區），公告為客家文化重點發展區，於2010年4月21日訂定「客家文
化重點發展區鄉（鎮、市、區）公告作業要點」。每年進行全國客家人口
調查研究，以多重自我認定為臺灣客家人定義所推估之客家人口數占各該
鄉（鎮、市、區）人口數達33%以上比率者為準。於2019年11月5日公告
客語為通行語地區，包括客家人口達三分之一以上之鄉（鎮、市、區），
計70個鄉（鎮、市、區）。另公告客語為主要通行語地區，依「105年度
全國客家人口暨語言基礎資料調查研究」客家人口百分比區間估計，最高
比率達50%以上者，計2個縣（市）、53個鄉（鎮、市、區）。客家文化
重點發展區的訂定對於地區性的客家政策推廣，以及相關資源分配上有很
大的影響。表6-1為本文整理之歷年客家委員會重要的制度性安排。

表6-1　客家委員會制度性安排

時間	客家委員會制度性安排
2001年6月14日	客家委員會成立
2002年4月23日	客家委員會檔案及政府資訊開放應用須知
2003年6月18日	客家委員會推行公事客語無障礙環境補助作業要點
2003年12月3日	客家委員會推動客語生活學校補助作業要點
2004年12月30日	客家委員會推動客語生活學校督導評核要點
2005年1月10日	客家委員會推行公事客語無障礙環境督導評核要點
2005年3月4日	客家委員會推行客語能力認證作業要點
2005年11月5日	全國首次舉辦之客語能力認證考試
2007年3月5日	辦理臺灣客家特色商品聯合行銷招商大會
2008年7月7日	客家委員會設置客語能力認證暨推廣中心補助作業要點
2009年8月25日	客家委員會推動客語薪傳師資格認定作業要點
2010年1月5日	立法院三讀通過「客家基本法」，客家事務正式邁入法制化的里程碑
2010年3月22日	客家委員會獎勵國民中小學學校參加客語能力認證績優作業要點
2010年4月1日	客家委員會獎勵客語績優公教人員作業要點
2010年4月21日	客家文化重點發展區鄉（鎮、市、區）公告作業要點
2011年1月25日	修正「客語能力認證考試規費收費標準」第2條、第3條
2011年2月17日	修正「客家文化重點發展區鄉（鎮、市、區）公告作業要點」第2點
2011年5月2日	修正「客家委員會獎勵國民中小學學校參加客語能力認證績優作業要點」第3點、第4點
2011年6月17日	苗栗縣政府推動「課後客語學藝活動」、「客語生活學校」暨「99年度客語能力認證」活動成果記者會
2011年7月15日	客語能力幼幼級認證試教—師資培訓營活動
2011年7月25日	「臺灣客家特色商品標章認證」、「臺灣客家特色商品通路標章授權使用」及「客家青年返鄉創業啓航補助計畫」
2012年7月25日	客家委員會臺灣客家特色商品標章認證作業要點
2013年10月12日	客語能力認證數位化初級考試
2015年11月24日	客家委員會推動客語深根服務計畫補助作業要點
2017年1月20日	客家委員會促進地方客語整體發展作業要點

表6-1 客家委員會制度性安排（續）

時間	客家委員會制度性安排
2017年12月29日	立法院三讀通過「客家基本法」修正案，客語列為國家語言，進一步深化客家事務之法制化作業
2017年8月10日	106學年度至107學年度客語沉浸式教學推動試辦專案計畫
2018年9月7日	客語能力認證辦法
2019年3月27日	修正「客語能力認證考試規費收費標準」第2條、第3條
2019年5月20日	客語沉浸式教學推動實施計畫

資料來源：本文整理製表。

參、研究方法

一、研究對象與次級資料

　　本文所稱客庄地區是指客家文化重點發展區，原本是客家族群意識最為強烈的地區，但是隨著經濟發展，不同的歷史階段卻呈現不同的族群發展脈絡，不同客庄地區對於族群意識、語言使用與傳承，以及不同族群在所處客庄地區的社會、政治關係，需要進一步釐清。本文主要研究目的在分析客家文化重點發展區的客語使用與社會環境、地理分界以及經濟發展之間的關係，其中以制度安排作為觀察族群語言使用變遷的另一觀點。研究資料採用次級資料與政府開放資料，將不同地區所得收入以t檢定相關分析、變異數分析以及迴歸分析等統計方式加以分析。透過客家委員會提供2005年至2018年客語能力初級認證考試相關資料，進行敘述統計與推論統計分析，了解臺灣客庄地區族群語言使用之變遷，探討臺灣客庄地區隨著經濟發展，在不同時間、地區的族群語言發展上是否有所差異。

二、研究模型

　　客家人對於自身文化和族群的自我認同感與客家語的學習有密切

的關係，高度的族群認同能強化對客家語學習意願（徐超聖、李佳芬，2012）。族群語言使用經常受到內部與外部的影響因素，內部因素包括族群認同，自身是否認同為客家人、是否具有客家淵源（族群身分）以及客家語的各種腔調（語言腔調）。外部因素則是以所處居住環境為主，其居住的鄉（鎮、市、區）該區居民經濟狀況（所得收入）以及是否為客家文化重點發展區（重點鄉鎮）。在語言使用方面，本文以語言使用意願（檢定報名的人數）以及語言使用能力（檢定成績）作為分析指標。制度安排則以歷年客家委員會訂定的各項法案或執行的各項活動為主，其中當年度有修訂與客語相關的法案則該年度定義為有客語相關制度性安排，檢視歷年客家委員會所提出的各項政策，其中2010年、2011年、2017年、2018年均有關鍵性且重要的客家語言政策提出，認定為有客家語言政策制度性安排的年度。利用統計方法，分析客語相關制度性安排對於族群認同、地理區域在影響語言使用上是否具有調節（干擾）效果，制度性安排是否會增強客語的使用，包括增加檢定報名人數以及檢定成績的提升等。

本文提出以下假說以及研究模型：

假說一：族群認同（族群身分、語言腔調）影響語言使用（報名人
　　　　數、檢定成績）。

假說二：居住環境（所得收入、重點鄉鎮）影響語言使用（報名人
　　　　數、檢定成績）。

假說三：制度安排對於族群認同（族群身分、語言腔調）影響語言使
　　　　用（報名人數、檢定成績）具有調節效果。

假說四：制度安排對於居住環境（所得收入、重點鄉鎮）影響語言使
　　　　用（報名人數、檢定成績）具有調節效果。

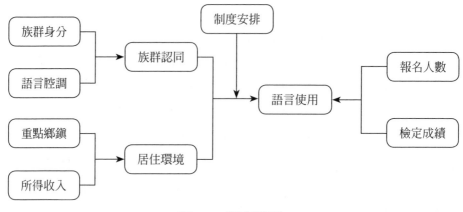

圖6-1　研究模型

資料來源：本文繪製。

肆、研究結果

一、族群認同影響語言使用

（一）不同族群參加客語認證人數差異

　　為了解不同族群對於客家語言使用的態度是否有差異，以及不同族群參加客家語言檢定的趨勢，本文依照客語檢定資料中父母親族群，將考生的族群身分分為三類，父母親皆為客家人者（界定為客家人）、父母親任一為客家人者（界定為部分客家淵源），以及父母親皆非客家人者（界定為非客家人）。將參加客語認證人數分為三組，利用SPSS進行單因子變異數分析（ANOVA），結果顯示三種不同族群類型參加客語認證人數具有顯著差異（F=18.47, df=31, p<.001），其中以客家人參加客語認證的平均人數最多，平均人數為5,224人，部分客家淵源次之，平均人數為4,862人，非客家人的平均人數有1,526人。在時間序列分析上可以發現，除了族群間參加客語認證人數具有顯著差異外，有一項明顯的趨勢就是非客家人參加客語認證的平均人數逐年增加，這個發展趨勢很值得重視。隨

著客家委員會各項客語制度推廣，影響所及，不但是客家族群越來越認同客家語言傳承，連非客家族群參與客語認證的人數也是逐年增加，顯示族群主流化的觀念逐漸受到重視，不同族群之間彼此相互尊重其語言使用的權利，也因為客家委員會的各項推廣措施，願意進一步學習客家語並參加客語認證。客家族群在參加客語認證的歷年人數成長趨勢上，應考人數在99年度成長至最高峰，之後逐年下降。但是到了106年顯示三種不同族群類型參加客語認證人數均較去年成長，觀察其原因在於106年客家委員會通過促進地方客語整體發展作業要點，以及立法院三讀通過「客家基本法」修正案，客語列為國家語言，進一步深化客家事務之法制化作業後，客家族群與非客家族群的客語認證報名人數產生同步上揚的趨勢。

　　以下各圖在制度安排上有幾個觀察重點，包括94年全國首次舉辦之客語能力認證考試；97年客家委員會訂定設置客語能力認證暨推廣中心補助作業要點；98年客家委員會訂定推動客語薪傳師資格認定作業要點以及19歲以下免報名費；99年立法院三讀通過「客家基本法」、客家委員會訂定獎勵國民中小學學校參加客語能力認證績優作業要點、客家文化重點發展區鄉（鎮、市、區）公告作業要點、獎勵客語績優公教人員作業要點；100年修正「客語能力認證考試規費收費標準」；102年客語能力認證數位化初級考試；104年客家委員會訂定推動客語深根服務計畫輔助作業要點；106年客家委員會訂定促進地方客語整體發展作業要點以及將客語列為國家語言。

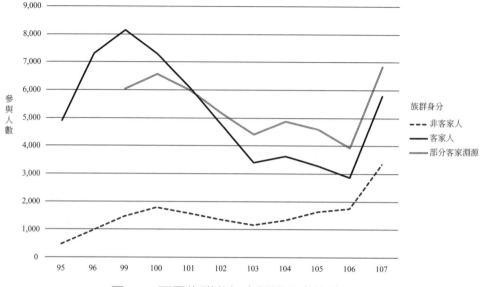

圖6-2　不同族群參加客語認證人數差異圖

資料來源：本文繪製。

（二）不同族群參加客語認證成績差異

　　至於客家語言使用能力表現在客語認證成績上，不同族群身分在客語認證成績上也有顯著差異（F=19.36, df=31, p<.001），客家族群的67.79分最高，部分客家淵源58.1分，非客家族群平均分數爲50.25分，如同預期，客家族群在客語認證成績上優於其他族群，客家族群與非客家族群的客語使用能力表現具有差異，在家庭組成中，具有部分客家淵源者，成績優於完全沒有客家淵源的考生，也就是說無論在家庭或是生活上能夠接觸客家族群，對於客家語的表現是有所助益。

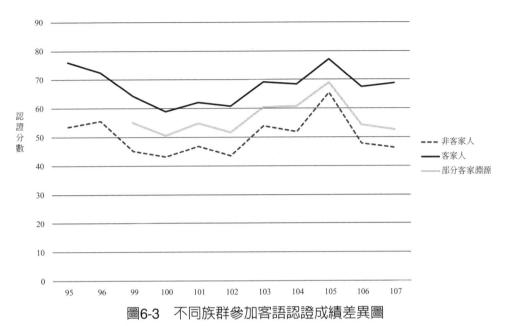

圖6-3　不同族群參加客語認證成績差異圖

資料來源：本文繪製。

（三）不同腔調客語認證人數差異

　　臺灣客家人所使用的客家語，有不同的腔調，包括四縣、海陸，尚有大埔、饒平、詔安、永定、長樂等腔。其中以四縣腔最爲優勢，在公事環境中，例如交通運輸工具播報系統，大部分都以四縣腔爲主，而永定、長樂兩個腔調的使用人口已經非常少，目前舉辦客語認證的腔調爲四縣、海陸、大埔、饒平、詔安，以及南四縣（高雄、屏東六堆地區所使用客語腔調）。根據客家委員會（2017）的105年度全國客家人口暨語言基礎資料調查研究報告顯示，客家民眾使用四縣腔者計有58.4%，南四縣腔有7.3%，海陸腔爲44.8%，大埔腔占4.1%，饒平腔占2.6%，詔安腔占1.7%，其中也有多人同時能操持一種以上客語腔調。本文將歷年不同腔調客語認證人數分爲五組，單因子變異數分析的結果顯示不同腔調客語認證人數具有顯著差異（F=75.43, df=59, p<.001），其中以四縣腔調客語認證人數的平均人數最多，爲7,523人，海陸腔調客語認證人數次之，爲

2,361人，大埔腔調客語認證人數則有588人，排名第三，趨勢圖顯示四縣腔調客語認證人數的平均人數變化較大。接著，將資料區分為不同腔調進行不同年度報名人數的單因子變異數分析結果顯示，四縣腔客語認證人數具有顯著差異（F=75.43, df=59, p<.001），四縣腔具有年度性的差異主要是因為報名人數較多，配合政府不同年度的客語政策，容易產生較明顯的變化結果。

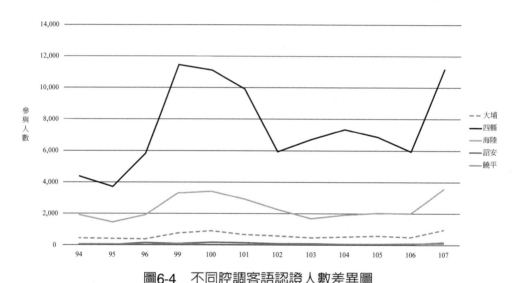

圖6-4　不同腔調客語認證人數差異圖

資料來源：本文繪製。

（四）不同腔調客語認證分數差異

本文將歷年不同腔調客語認證人數分為五組，將歷年平均成績進行單因子變異數分析，結果顯示不同腔調客語認證分數並沒有顯著差異（F=2.311, df=59, p=0.069）。可以認定在目前舉辦客語認證檢定中，不同客語腔調與腔調之間的認證成績表現上無明顯差異。

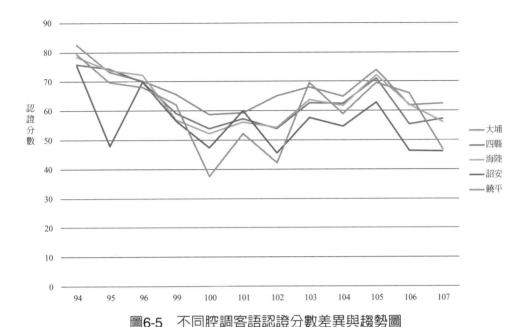

圖6-5　不同腔調客語認證分數差異與趨勢圖

資料來源：本文繪製。

二、居住環境影響語言使用

（一）不同縣市民眾參加客語認證人數與分數差異趨勢

　　本文將歷年不同縣市客語認證人數分組，單因子變異數分析的結果顯示不同縣市客語認證人數具有顯著差異（F=31.94, df=242, p<.001），顯示不同縣市在客語認證參與人數上有明顯的不同，其中以苗栗、桃園、新竹、屏東客語認證人數最多，分別為2,282人、1,707人、1,079人、1,027人，可以了解客家族群較多的桃竹苗地區以及屏東地區參與認證人數最多。趨勢圖顯示苗栗縣客語認證人數的平均人數變化較大，但新竹縣參加客語認證人數有日漸下滑的趨勢。不同縣市在認證分數上則沒有顯著差異（F=1.048, df=241, p=0.407）。為了更深入了解同縣市民眾參加客語認證人數變化的原因，加入鄉鎮市區所得收入與客語認證人數成長變化進行

迴歸分析，發現收入所得與認證人數變化確實呈現顯著相關。再進一步分析鄉鎮市別的關係，利用單因子變異數分析，發現95年度、99年度以及107年度中，各縣市的客語認證人數成長變化呈現顯著差異，其中以苗栗縣人數差異最大，也就是說明在不同年度所實施的客語政策制度，對於所得收入較低的苗栗縣影響最大，99年「客家委員會獎勵國民中小學學校參加客語能力認證績優作業要點」以及立法院三讀通過「客家基本法」都有明顯的影響力。

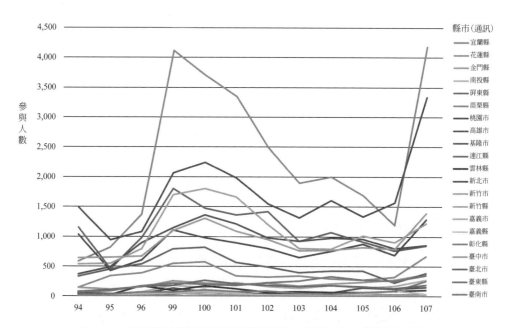

圖6-6　不同縣市民眾參加客語認證人數與分數差異趨勢圖
資料來源：本文繪製。

（二）客家文化重點發展區參加客語認證人數、分數差異與趨勢

　　Réaume（2010）提出落實語言權有地域式保障（territoriality approach）以及個人式保障（personality approach）兩種政策途徑，地域式保障將特定語言的使用規範在某些地理區域，也就是說每個地域都有自己的語言，而每個語言都有自己的領域，例如客家文化重點發展區。個人

式保障強調語言使用是每個人的權利，不管住在哪裡都可以使用自己的母語（Dunton & Laurendeau, 1967; Réaume, 2010）。客家文化重點發展區一向被視爲是推動客家語言文化保存最重要的地區，客家文化重點發展區與非重點發展區的參加客語認證人數是否有明顯差異，將報名資料的地區區分客家文化重點發展區以及非重點發展區，進行獨立樣本t檢定，結果發現客家文化重點發展區平均報考人數爲7,288人、非重點發展區平均報考人數爲3,520人，t=-4.29，p=0.0005（p<0.05），達到α=0.05的顯著水準，顯示客家文化重點發展區以及非重點發展區參加客語認證人數上有顯著差異，主要的原因在於客家文化重點發展區的客家人口較多，參加客語檢定人數自然高於非重點發展區。在分數表現上，雖然客家文化重點發展區略高於非重點發展區，但在統計檢定上則表現出無顯著差異，客家文化重點發展區平均分數爲64.75分、非重點發展區平均分數爲59.62分，t=-1.46，p=0.078（p>0.05），未達到α=0.05的顯著水準。

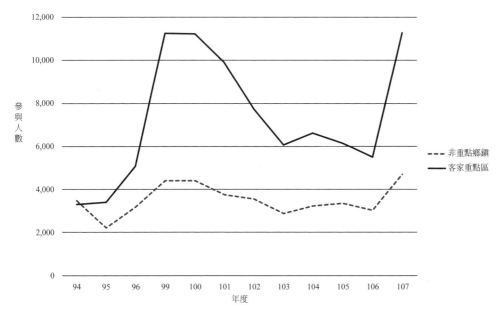

圖6-7　客家文化重點發展區參加客語認證人數、分數差異與趨勢圖

資料來源：本文繪製。

三、制度性安排影響語言使用

（一）不同族群對於語言使用受到制度性安排交互作用影響

　　調節（干擾）效果是用來討論自變項與依變項之間的關係是否受到另外一個變數，也就是調節變數的影響，強化或是弱化自變項與依變項之間的關係（蕭文龍，2013）。目前已經確認不同族群對於語言的使用有顯著的差異，接下來進一步分析，制度性安排是否會調節族群身分與語言使用之間的關係，也就是制度性安排扮演的角色。學習自己的母語或者是學習他人的族群語言，可以有助於溝通，並且相互了解，促進族群和諧。在族群主流化的過程中，讓其他民族也能夠有機會學習少數族群語言，可以增進彼此的了解、認識該地區的文化，也可以保護、傳承少數族群語言（Walker, 1984），社會語言學家Walker指出，母語教育能提升學生的族群認同與族群語言的聲望，還能讓學生發展母語能力，同時也讓其他族群人士有機會學習當地語言，避免少數語言的流失（張學謙，2013），同時也可以促進族群本身的認同。為了讓更多非客家族群都能夠接觸客家話，進而學習客家語，客家委員會設立了「客家電視台」，推出優質的客語節目，成立了「講客電台」，讓全球各地的華人與客家人都能夠聽到客家話，接觸客家話的管道越來越順暢，隨著各項客語制度推廣，影響所及的不僅是客家族群越來越認同客家語言傳承，連非客家族群參與客語認證的人數也是逐年增加，顯示族群主流化的觀念逐漸受到重視，不同族群之間彼此相互尊重其語言使用的權利，也因為客家委員會的各項推廣措施，更進一步學習客家語並參加客語認證。讓居住在少數語族地區的其他族群人士有機會學習當地語言，如此可以避免少數語言的流失（Walker, 1984）。根據分析結果，交互作用項族群身分＊制度安排的F值=432.244，P=0.00達顯著。顯示有交互作用影響，表示不同族群身分的報名人數在制度安排下，確實會有人數上的差異，有客語相關法規制定的制度安排下，報名人數高於沒有制度安排的情況。由圖6-8所示，0代表無制度安排的年度，1代表有制度安排的年度。圖中並無交叉線，顯示無

調節（干擾）效果，僅有交互作用，也就是制度安排以及族群身分都可以是對方的調節變數。

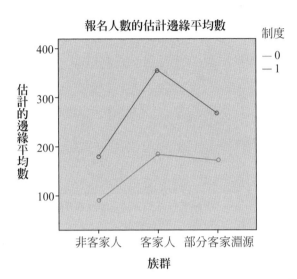

圖6-8　族群身分報名人數受到制度性安排交互作用影響圖

資料來源：本文繪製。

根據分析結果，交互作用項族群身分＊制度安排的F值=6.817，P=0.01達顯著。顯示有交互作用影響，表示不同族群身分的檢定分數在制度安排下，確實會有人數上的差異，有客語相關法規制定的制度安排下，檢定分數低於沒有制度安排的情況。由圖6-9所示，圖中並無交叉線，顯示無調節（干擾）效果，僅有交互作用，也就是制度安排以及族群身分都可以是對方的調節變數。

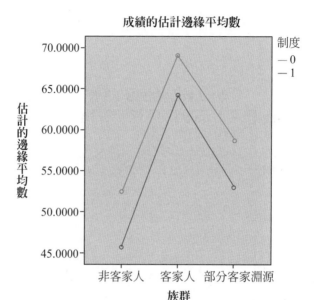

圖6-9　族群身分檢定成績受到制度性安排交互作用影響圖

資料來源：本文繪製。

（二）不同客語腔調使用受到制度性安排交互作用影響

根據分析結果，交互作用項客語腔調＊制度安排的F值＝49.013，P＝0.00達顯著。顯示有交互作用影響，表示不同客語腔調的報名人數在制度安排下，確實會有人數上的差異，有客語相關法規制定的制度安排下，報名人數高於沒有制度安排的情況。由圖6-10所示，圖中並無交叉線，顯示無調節（干擾）效果，僅有交互作用，也就是制度安排以及客語腔調都可以是對方的調節變數。

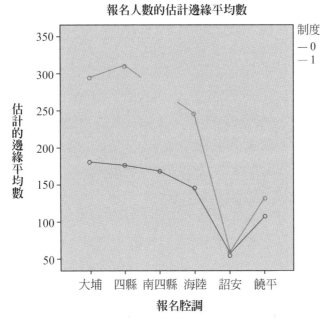

圖6-10　客語腔調報名人數受到制度性安排交互作用影響圖
資料來源：本文繪製。

（三）文化重點發展區語言使用受到制度性安排交互作用影響

　　根據分析結果，交互作用項重點鄉鎮＊制度安排的F值=2,934.898，
P=0.00達顯著。顯示有交互作用影響，表示是否為客家重點鄉鎮的報名
人數在制度安排下，確實會有人數上的差異，有客語相關法規制定的制度
安排下，報名人數高於沒有制度安排的情況。由圖6-11所示，圖中並無交
叉線，顯示無調節（干擾）效果，僅有交互作用，也就是制度安排以及重
點鄉鎮都可以是對方的調節變數。

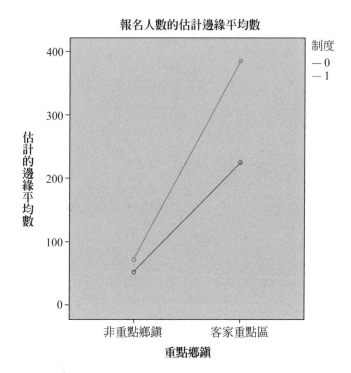

圖6-11　重點鄉鎮報名人數受到制度性安排交互作用影響圖

資料來源：本文繪製。

　　分析結果顯示交互作用項重點鄉鎮＊制度安排的F值=102.560，P=0.00達顯著。表示有交互作用影響，是否為客家重點鄉鎮的檢定成績在制度安排下，確實會有分數上的差異，有客語相關法規制定的制度安排下，檢定成績低於沒有制度安排的情況。由圖6-12所示，圖中並無交叉線，顯示無調節（干擾）效果，僅有交互作用，也就是制度安排以及重點鄉鎮都可以是對方的調節變數。

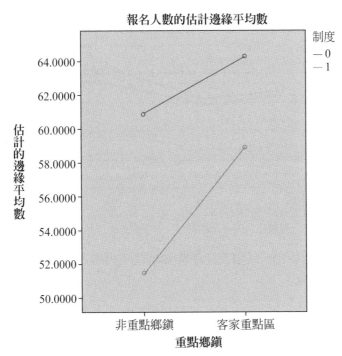

報名人數的估計邊緣平均數

圖6-12　重點鄉鎮檢定成績受到制度性安排交互作用影響圖

資料來源：本文繪製。

（四）所得收入較低的地區易受到制度性安排影響

　　如何傳承少數族群語言一直是族群政策中很重要的工作項目，影響少數族群語言的使用最直接的是經濟因素，是否可以透過少數族群的語言使用能獲得在社會上更強的競爭力，這恐怕是在推動少數族群語言使用上的一大阻力。如果缺乏族群認同，而且學習少數族群語言又無法提升自我的職場競爭力，鼓勵人們學習少數族群語言恐怕是很困難的。相較於其他地區，客庄地區的所得收入大部分較低，本節主要是探討客庄地區的所得收入在推動客家語言的過程受到政策推廣影響的程度。本文將101年到104年各鄉鎮市區的所得稅，區分為一般縣市、客家文化重點發展區、原住民區以及客家、原住民混居區，由圖6-13可以了解不同區域所得差異的情形。

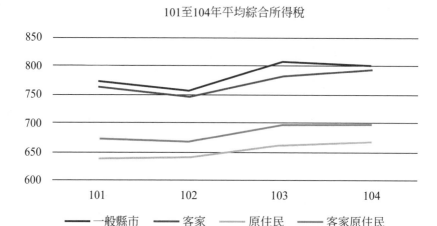

圖6-13　族群文化重點發展區所得收入差異圖
資料來源：本文繪製。

　　將所得收入作為分析變項，可以發現不同所得收入的縣市，在報名人數上，會有顯著差異，不同年度的制度安排會影響每年報名人數，但在收入所得較低的縣市，可以看出影響程度較高。以新竹縣與苗栗縣為例，由於二個縣市客家人口相近，但所得收入有明顯差異。苗栗縣客家人口比例為64.6%，客家人口數為36.3萬。新竹縣客家人口比例為71.6%，客家人口數為36.7萬。苗栗縣104年各戶可支配平均所得為1,057,339元，新竹縣104年各戶可支配平均所得為1,368,591元。所得收入較低的區域，表現在不同年度的報名人數上，有顯著不同的變化，平均收入較低的苗栗縣，面對客家委員會制度性安排，展現出急劇上升或是下降的人數變化。因此，不同水準的所得收入在推動客家語相關教育或文化傳承活動時，應該有不同的制度性安排或宣傳重點政策。

　　根據分析結果，交互作用項所得收入＊制度安排的F值=567.326，P=0.00達顯著。顯示有交互作用影響，表示所得收入不同的縣市的報名人數在制度安排下，確實會有人數上的差異，有客語相關法規制定的制度安排下，報名人數高於沒有制度安排的情況。由圖6-14所示，圖中並無交

叉線，顯示無調節（干擾）效果，僅有交互作用，也就是制度安排以及所
得收入都可以是對方的調節變數。

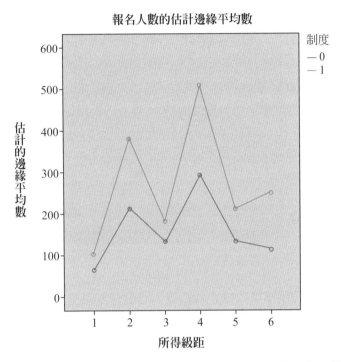

報名人數的估計邊緣平均數

圖6-14　不同所得縣市報名人數受到制度性安排交互作用影響圖

資料來源：本文繪製。

　　根據分析結果，交互作用項所得收入＊制度安排的F值＝11.770，
P＝0.00達顯著。顯示有交互作用影響，表示不同所得收入水準的縣市檢
定成績在制度安排下，確實會有分數上的差異，有客語相關法規制定的制
度安排下，檢定成績低於沒有制度安排的情況，顯示在制度安排下，雖然
可以提升報考意願，增加報考人數，但卻不一定能夠提高檢定成績。由
圖6-15所示，圖中並無交叉線，顯示無調節（干擾）效果，僅有交互作
用，也就是制度安排以及所得收入都可以是對方的調節變數。

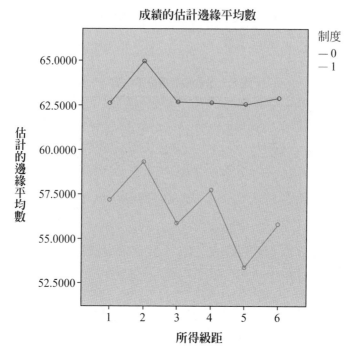

圖6-15　不同所得縣市檢定成績受到制度性安排交互作用影響圖
資料來源：本文繪製。

伍、結語

一、理論意涵

　　新制度經濟學強調人類、制度與經濟之間關係，本文利用新制度經濟學的觀點重新詮釋族群邊界及語言使用行為，即透過制度的演進觀察，了解少數族群如何因應並且呈現語言使用的變遷。以制度安排引導為理論基礎，分析2005年至2018年初級客語檢定資料，項目包括年齡、縣市、族群、腔調、鄉鎮區、報名人數、檢定分數等，透過縱向研究統計分析，跨時域研究設計，對相同變項的持續觀察，提出臺灣客家族群在客庄地區語言使用的變遷。不同地區應該採用不同的制度安排，例如針對不同所得水

準地區，採用不同的獎勵措施。客家重點鄉鎮、所得差異的縣市以及不同客語腔調在制度安排引導下，確實會有人數以及檢定成績上的差異，也就是制度安排可以是重點鄉鎮、所得收入以及客語腔調對於語言使用上的調節變數。制度安排對於族群語言使用有不同程度的影響，在政府單位推動一連串行政措施或是辦法規章的修正下，人們會以自身的利益為考量，進而改變態度與實際行為。在族群主流化的政策引導下，客家委員會每年提出不同的立法修正或是獎勵措施，就是希望不同的族群能夠彼此學習少數族群語言，認識他們的文化，彼此充分理解。讓族群素養能夠提升，不同族群間互相尊重，懂得欣賞對方的文化。本文驗證制度性安排對語言使用所產生的交互作用影響，制度性安排的確能夠改變族群語言的使用，透過制度安排來達到促進族群主流化以及族群間相互的認識與尊重的目的。

二、實務意涵

　　關於制度安排對於臺灣客庄地區族群語言使用的影響，本文提出以下結論：首先，在地理區域方面，歷年報名人數最多的縣市為苗栗縣與桃園市，苗栗縣以苗栗市、頭份市與公館鄉為最多。桃園市則以中壢區、楊梅區傳統客家鄉鎮居多，值得注意的是，新屋區有逐年成長的趨勢，龍潭區則顯示微幅下降的趨勢。研究結果顯示不同縣市客語認證人數具有顯著差異，其中以苗栗、桃園、新竹、屏東客語認證人數最多，報名趨勢圖顯示苗栗縣客語認證人數的平均人數變化較大。加入所得分析，顯示在不同年度所實施的客語政策制度，對於所得收入較低的苗栗縣影響最大，而對於所得較高的新竹縣影響較少，且新竹縣參加客語認證人數有日漸下滑的趨勢。因此，所得收入較低的地區易受到制度性安排交互作用的影響，在不同所得收入水準的地區，實施客語推廣政策應該要有所差異。其次，在族群淵源方面，研究結果顯示不同年度的檢定報名人數在族群間具有顯著差異。報名人數以客家族群最高，部分客家淵源次之，特別值得注意的是，非客家族群的報名人數有逐年成長的趨勢，象徵不同族群間語言使用產生

明顯的改變。隨著各項客語推廣制度的施行，客家族群逐漸認同客家語言傳承，非客家族群參與客語認證的人數亦逐年增加，顯示族群主流化的觀念逐漸受到重視，不同族群之間彼此相互尊重，並願意學習了解其語言。研究結果顯示，不同族群對於語言的使用受到制度性安排交互作用影響，客語推廣的制度安排對於族群主流化以及族群間相互理解有顯著的提升。最後，進一步以制度安排的角度分析客家族群語言使用變遷的原因，可以發現2010年立法院三讀通過「客家基本法」以及2011年修正「客家委員會推動客語薪傳師資格認定作業要點」、「客家文化重點發展區鄉（鎮、市、區）公告作業要點」影響很大，不同區域、腔調、族群等報名人數都有明顯增加。2018年通過客語正式列為國家語言更是讓持續下降的檢定報名人數再次大幅度增加，顯示制度安排引導著族群語言使用朝向族群主流化的正向發展。

三、研究限制與未來研究

研究結果驗證制度性安排對語言使用所產生的交互作用影響，並未充分證明制度性安排的調節性角色，未來研究需要更進一步的驗證其干擾效果。不同腔調的客語檢定平均分數，以大埔腔保持歷年最高，四縣腔與海陸腔則相近，饒平腔波動變化較大，詔安腔歷年平均分數則較低。造成成績差異的原因，需要更深入的探討。雖然研究結果顯示不同腔調客語認證人數在不同年度上具有顯著差異，配合政府不同年度的客語政策，不同腔調的報名產生較明顯的變化結果，除了因為四縣腔報名人數較多，容易受到政府語言政策的影響，另一項可能的原因是政府在分配資源上對不同腔調的族群具有差異性，未來可以透過個案訪談作進一步的分析。

參考文獻

一、中文部分

王甫昌（2002a）。族群接觸機會？還是族群競爭？本省閩南人族群意識內涵與地區差異模式之解釋。台灣社會學，4，11-74。

王甫昌（2002b）。邁向台灣族群關係的在地研究與理論：族群與社會專題導論。台灣社會學，4，1-10。

客委會（2007）。105年度全國客家人口暨語言調查研究報告。取自https://www.hakka.gov.tw/Content/Content?NodeID=626&PageID=37585。

施正鋒（2015）。加拿大的少數族群語言教育權利—以法語族群為例。台灣原住民研究論叢，18，1-38。

徐仁輝（1995）。新制度經濟學與公共行政。世新學報，5，273-288。

徐超聖、李佳芬（2012）。國小客家學童族群認同教育之研究—以新竹縣關西地區客家學童為例。新竹縣教育研究集刊，212，209-236。

張學謙（2013）。台灣語言政策變遷分析：語言人權的觀點。臺東大學人文學報，3（1），45-82。

黃宣衛（2010）。從認知角度探討族群：評介五位學者的相關研究。臺灣人類學刊，8（2），113-137。

黃鴻博（2010）。中國農村土地制度變遷及調適：制度安排的成本與效益分析。中國大陸研究，53（1），1-33。

劉堉珊（2016）。臺灣客家研究中的東南亞視野。民俗曲藝，193，1-53。

蕭文龍（2013）。統計分析入門與應用：SPSS中文版+PLS-SEM（SmartPLS）。臺北：碁峰資訊。

二、外文部分

Aoki, M. (1996). Towards a comparative institutional analysis: motivations and some tentative theorizing. *The Japanese Economic Review*, 47(1), 1-19.

Aoki, M. (2007). Endogenizing institutions and institutional changes. *Journal of Institutional Economics*, 3(1), 1-31.

Barbashin, M. (2016). The New Institutional Understanding of Ethnicity. SSRN. Retrieved December 6, 2019, from: https://papers.ssrn.com/sol3/papers.cfm?abstract_

id=2887726.

Barth, F. (1969). Introduction. In F. Barth (Ed.), *Ethnic Groups and Boundaries, The Social Organization of Culture Difference*. Little, Brown and Co., Boston.

Barth, F. (1998). *Ethnic groups and boundaries: The Social Organization of Culture Difference*. Illinois: Waveland Press.

Board, T. R. National Academies of Sciences and E., Medicine (2009). *Institutional Arrangements for Freight Transportation Systems*. Washington, DC: The National Academies Press.

Brennan, G. and Buchanan, J. (1984). Voter choice: Evaluating political alternatives. *American Behavioral Scientist*, 28(2), 185-201.

Davis, L. E., North, D. C. and Smorodin, C. (1971). *Institutional Change and American Economic Growth*. Cambridge, England: Cambridge University Press.

Dunton, A. D. and Laurendeau, A. (1967). *Report of the Royal Commission on Bilingualism and Biculturalism*. Ottawa: Queen's Printer.

Europe, C. O. (1992). European Charter for Regional or Minority Languages. Retrieved January 17, 2020, from: https://www.coe.int/en/web/european-charter-regional-or-minority-languages.

García, O. (2006). Minority Languages: Education. In K. Brown (Ed.), *Encyclopedia of Language & Linguistics* (Second Edition) (pp. 159-164). Oxford: Elsevier.

Greif, A. and Laitin, D. D. (2004). A theory of endogenous institutional change. *American Political Science Review*, 98(4), 633-652.

Hardin, R. (1995). Self-interest, group identity. *Nationalism and Rationality*, 14-42.

Iyer, L. (2016). *Institutions, Institutional Change and Economic Performance in Emerging Markets*. World Scientific Books.

Kyriacou, A. P. (2005). Rationality, ethnicity and institutions: A survey of issues and results. *Journal of Economic Surveys*, 19(1), 23-42.

North, D. C. (1990). *Institutions, Institutional Change, and Economic Performance*. Cambridge, UK: Cambridge University Press.

Phinney, J. S. (1990). Ethnic identity in adolescents and adults: review of research. *Psychological Bulletin*, 108(3), 499-514.

Réaume, D. (2010). Defining Language Groups: A Case Study of Eligibility for Minority

Language Schooling in Canada. Centre for Research on Inequality, Human Security and Ethnicity (CRISE). Working paper, 77.

Song, M. (2014). Raising the bar in analysis: Wimmer's Ethnic Boundary Making. *Ethnic and Racial Studies*, 37(5), 829-833.

Tikly, L. (2016). Language-in-education policy in low-income, postcolonial contexts: Towards a social justice approach. *Comparative Education*, 52(3), 408-425.

Walker, A. G. (1984). *Applied sociology of language: Vernacular languages and education*. Applied sociolinguistics, 159-202.

Wimmer, A. (2013). *Ethnic Boundary Making: Institutions, Power, Networks*. UK: Oxford University Press.

第七章　臺灣客語通行語制度與客家發展：威爾斯語言政策之借鏡[1]

王保鍵[2]

壹、前言

　　為建構國家語言制度性機制，政府於2017年制定「原住民族語言發展法」、2018年修正「客家基本法」、2019年制定「國家語言發展法」，三部法律建構我國國家語言制度，賦予人民語言權，並規範特定國家語言為通行語。依客家基本法第3條規定，客語為國家語言之一，與各族群語言平等；人民以客語作為學習語言、接近使用公共服務及傳播資源等權利，應予保障。國家語言地位之建構，不但是國家語言權利之規範基礎，而且是族群認同與語言發展重要機制（王保鍵，2020）。又為營造客語之使用環境，使客家人口聚居地區，以客語為通行語，俾利廣泛於生活各方面接觸使用，以落實客語之保存及推廣，客家基本法第4條建置客語為通行語制度，以客家人口達三分之一以上之鄉（鎮、市、區）、客家人口達二分之一以上的直轄市、縣（市）為客語通行語地區。目前有七十個鄉（鎮、市、區）被指定為客家文化重點發展區，應實施客語為通行語；另有新竹縣、苗栗縣因客家人口超過二分之一，亦應實施客語為通行語。

　　而上開客家基本法所定關於客語之平等權、學習語言權、接近使用公共服務權、傳播資源權，實施於本法第4條之客語為通行語地區，較能實

1　本文業經《客家公共事務學報》雙向匿名審查通過。
2　本文為科技部補助專題研究計畫（MOST 108-2420-H-008-005-MY2）之部分研究成果。作者非常感謝兩位匿名審查人的寶貴意見。

現人民語言權利保障。就客家委員會依「客家基本法」第4條第3項授權
所定「客語為通行語實施辦法」以觀，客語為通行語政策，主要實施於政
府機關（構）之公共服務層面。意即，相對於非客家文化重點發展區，客
家文化重點發展區因實施客語為地方通行語政策，其接近使用公共服務權
之語言權保障程度較佳。

　　歐美國家推動少數語言事務之經驗顯示，關於人民語言權利保
障的制度性機制，包含：1.國家法制規範層面，以行為法釐定政府義
務；2.政府組織層面，設置專責語言事務機關；3.視需要設置「語言
監察使」（language ombudsman），以監察相關機關之語言措施。以
英國為例，經1997年9月公民投票通過，英國國會制定「威爾斯政府
法」（Government of Wales Act 1998），1999年所設立的威爾斯分
權政府（Wales devolved government），成為威爾斯語言政策制定與
執行的主體。就政策工具（policy instruments）理論，以Christopher
Hood的政策工具NATO scheme模式而言[3]，「威爾斯語言法」（Welsh
Language (Wales) Measure 2011）為權威型政策工具，威爾斯語部
長（Minister for Welsh Language）及威爾斯語言監察使（Welsh
Language Commissioner）[4]為組織型政策工具。就水平課責（horizontal

---

[3] 就公共政策的制定與執行，適當政策工具之選擇，影響標的群體（target populations）是
否順服政策，並影響公共政策之成敗。Anne Schneider和Helen Ingram將政策工具分為權威
型（authorities）、誘因型（incentives）、能力建立型（capacities building）、象徵與勸勉
型（symbolic and hortatory）及學習型（learning）等五種（Schneider and Ingram, 1993）。
Christopher Hood（1986）則將政策工具分為資訊型（nodality/information）、權威型（au-
thority）、財政型（treasure）、組織型（organization）四大類（所謂的NATO scheme）。又
Michael Howlett與M. Ramesh（1993）指出，政策工具是政府治理（governance）的工具。
Howlet將當代民主國家的治理分成法制（legal）、法人（corporatist）、市場（market）與網
絡（network）等四種模式；而不同的治理模式，反映出不同的政策設計邏輯和政策執行立
場，並影響政府選擇和使用政策工具的情況（謝卓君，2017）。

[4] 威爾斯設有多種專業監察使，用語多為Commissioner，各部法律多將其他專業的Commis-
sioner定位為ombudsman；如依威爾斯老人福利監察使法（Commissioner for Older People
(Wales) Act 2006）第17條第6款所定義的其他監察使（other ombudsman），為威爾斯公共
服務監察使、威爾斯兒童權利監察使、威爾斯語言監察使；又考量Welsh Language Commis-
sioner之職能為語言監察，故本文中文譯為語言監察使。

accountability）[5]理論，具獨立地位的威爾斯語言監察使，以水平課責機制，督促政府部門落實法律所保障之威爾斯語言權利。

又以國家與其內部次級統治團體關係而言，可分爲「單一國」（unitary state）與「聯邦國」（federal state）兩種型態，英國與我國皆屬單一國[6]；且兩國的少數族群母語皆受強勢語言影響，面臨傳承危機，兩國並試圖以制度性機制復振族群母語。本文以文獻分析法，運用政策工具及水平課責理論，以「制度」設計影響族群「行爲」之研究取向，分析英國威爾斯語言保障之法制規範及實務操作，探討：1.威爾斯語言政策之構面爲何？如何推動？2.威爾斯分權政府如何監察威爾斯語言政策之執行？如何落實人民語言權之保障？3.威爾斯語言政策推動實作經驗，對我國精進客語政策之啓發。

貳、英國威爾斯分權政府與語言使用

英國（United Kingdom）係由英格蘭（England）、威爾斯（Wales）、蘇格蘭（Scotland）及北愛爾蘭（Northern Ireland）四大區域（country）所構成；英國的發展與成形，係以英格蘭爲中心，先於1536年合併威爾斯，次於1707年合併蘇格蘭，再於1801年合併北愛爾蘭。英國威爾斯經1997年公民投票（devolution referendum）通過後，於1999年成立威爾斯分權政府，包含威爾斯議會（National Assembly for Wales）[7]及行政部門（devolved government for Wales）。

---

[5] 爲達成政府善治（good goverance），政府課責（accountability）是一個重要手段。政府課責機制可分爲垂直課責（vertical accountability）與水平課責（horizontal accountability）兩個面向。垂直課責機制關注公民與民選公職人員間之關係，公民透過選舉課予民選公職人員相關責任。水平課責機制則強調權力分立，聚焦於政治體系中，不同機構間的相互監督（Lührmann, Marquardt and Mechkova, 2017）。

[6] 依經濟合作暨發展組織（OECD）的分類，英國屬單一國（OECD, 2016）。復依司法院釋字第769號解釋許志雄大法官提出協同意見書指出，我國爲單一國。

[7] 因應威爾斯議會取得自主之立法權及財政權，威爾斯議會自2020年5月6日起，由National Assembly for Wales更名爲Senedd Cymru/Welsh Parliament（BBC, 2020），採取雙語名稱（bi-

一、威爾斯分權政府之設立

　　威爾斯政府為委任分權政府（devolved government），與傳統郡（county council）、市（city council）或區（borough council）等「地方自治政府」（local self-government）有別。兩者最主要差別在於，郡（市、區）基於地方自治理念，由地方之人處理地方事務；相對地，威爾斯分權政府則是將原屬中央政府（UK Parliament）的部分權力，移轉給威爾斯分權政府。意即，英國國會陸續制定1998年「威爾斯政府法」、2006年「威爾斯政府法」（Government of Wales Act 2006）、2014年「威爾斯法」（Wales Act 2014）、2017年「威爾斯法」（Wales Act 2017）等，逐步將中央政府權力移轉給威爾斯分權政府。

　　2017年「威爾斯法」將英國國會與威爾斯議會間委任分權關係，由「權力授予模式」（conferred powers model）調整為「權力保留模式」（reserved powers model），讓威爾斯如同蘇格蘭、北愛爾蘭採行「保留權力之分權模式」（reserved powers model of devolution）。意即，威爾斯分權政府就分權事項（devolved matters），擁有政策決定及執行權，如威爾斯語、觀光等；中央政府則就保留事項（reserved matters）進行政策決定及執行，如外交、國防等（Gov.UK, 2018; Torrance, 2019: 4-5）。威爾斯分權政府以委任分權（delegated powers）方式取得原屬西敏寺（Westminster）權力，威爾斯議會可就其分權事項，通過議案，經女皇（Monarch）御准（royal assent），成為法律（Acts of Senedd Cymru）[8]。

　　威爾斯分權政府，採內閣制，包含立法部門（威爾斯議會）及行政部門（威爾斯政府）。威爾斯議會議員（members of the Senedd）

---

lingual name）。

[8]　「委任分權政府」之主要特徵為：1.國會仍為國家的最高主權者，保有修改委任分權法案的權力；2.因區域間之土地廣狹及歷史發展差異，委任分權呈現不對稱（asymmetric）的情狀；3.委任分權政府在其分權事項，擁有充分自主權，讓政策決定融入地方治理的元素（王保鍵，2017）。英國國會通過的法律（Act of the Parliament）可施行於全英國，威爾斯議會通過的法律（Act of Senedd Cymru）施行於威爾斯境內。

共有60名，任期5年[9]，以單一選區兩票制產生：1.40名選區議員
（constituency），以單一選區相對多數（first-past-the-post）選出，
各選區劃分與國會議員（Westminster MP）相同；2.20名政黨名單議員
（regional），將威爾斯劃分為五個比例代表選區（electoral region）[10]，
每一比例代表選區各有4名議員，以政黨名單比例代表（proportional
representation）之附帶席位制（additional member system）方式選出
（Welsh Parliament, 2021）。

　　威爾斯議會選舉後，由掌握議會多數席次的政黨或政黨聯盟組閣，經
女皇任命首席部長（First Minister），組成政府（Welsh Government）。
依2006年「威爾斯政府法」第45條規定，威爾斯政府之內閣組成為：1.首
席部長；2.部長，如財政部長、教育部長；3.法律長（Counsel General to
the Welsh）；4.副部長[11]。威爾斯語事務由心理健康及福利暨威爾斯語部
長（Minister for Mental Health, Wellbeing and Welsh Language）主責，
現任部長為Eluned Morgan。

二、威爾斯語言使用之現況

　　受到英國歷史發展影響，蘇格蘭與北愛蘭一直存有分離主義的獨立運
動，相對地，威爾斯與英格蘭的關係則較為緊密。事實上，2014年蘇格
蘭進行獨立公投，為何威爾斯人未受到鼓舞而進行獨立公投？除經濟財政
問題外，威爾斯人的雙元認同（dual identity），同時自我認同為威爾斯
人及英國人（British），加上設立威爾斯分權政府所帶來的高度文化自治

---

[9] 威爾斯議會議員任期原為4年，配合固定任期制國會法（Fixed-term Parliaments Act 2011）實
施，於2014年威爾斯法第1條，議員任期調整為5年。2014年威爾斯法第4條，將威爾斯議會
政府（Welsh Assembly Government）更名為威爾斯政府（Welsh Government）。

[10] 此五個比例代表選區分別為威爾斯北部（North Wales）、威爾斯中部及西部（Mid and West
Wales）、威爾斯南部東側（South Wales East）、威爾斯南部西側（South Wales West）、威
爾斯南部中央（South Wales Central），此五個選區與歐洲議會議員選區（European parlia-
mentary constituencies）相同。

[11] 依2006年威爾斯政府法第48條及第51條規定，部長及副部長由首席部長從議會議員中選任，
提請女皇任命，最多不得超過12人。

（cultural autonomy）、雙語官方語言等自主性，致使威爾斯獨立公投倡議無法成形（Economist, 2014）。

　　影響威爾斯語語言地位的兩個重要元素，分別為語言使用者人數（number of speakers）及語言的使用（use of the language）（Welsh Language Commissioner, 2016: 13）。威爾斯併入英國後，英語逐漸成為強勢語言，威爾斯語的使用人口及使用場域逐漸消退。威爾斯人口數約為3,125,200人，依2013年至2015年威爾斯政府所進行威爾斯語言調查（Welsh Language Use Survey）顯示：3歲以上有24%會說威爾斯語，3歲至15歲有41%會說威爾斯語（European Commission, 2019）。就威爾斯語言使用者（從流利到僅能說幾個字）之流利度、使用場域，2013年至2015年威爾斯語言調查顯示（表7-1），以威爾斯語為家庭的第一語言（first language）者，僅占25%，彰顯出威爾斯語傳承的困境。

表7-1　威爾斯語言使用者之語言使用概況

	家庭	學校	同儕
都說威爾斯語（always Welsh）	21%	22%	13%
主要說威爾斯語（mainly Welsh）	4%	12%	10%
英語及威爾斯語併用（roughly equal use of Welsh and English）	11%	14%	18%
主要說英語（mainly English）	24%	24%	22%
都說英語（always English）	39%	29%	37%
其他（other）	1%	-	-

資料來源：Stats Wales, 2015。

　　又從表7-1可觀察到，威爾斯語為學校的第一語言者，高於家庭及同儕，顯示政府語言政策影響下的學校教育體系，對威爾斯語的復振扮演重要角色。依據2013年至2015年威爾斯語言調查顯示，3歲至15歲的威爾斯語使用者，高達79%的威爾斯語使用能力，是在學校習得（Welsh

Language Commissioner, 2016: 99），此種情況，可謂威爾斯政府實施以威爾斯語教學學校（Welsh medium school）[12]措施之成果。

　　威爾斯語教學學校，係指以威爾斯語爲教學語言之學校；又威爾斯語言監察使所定義的威爾斯語教學學校，指教學活動使用威爾斯語，不得低於70%，且一般日常生活溝通，應使用威爾斯語（Welsh Language Commissioner, 2016: 177）。事實上，在教育政策導引下，部分不會使用威爾斯語的父母親，亦會將孩子送進威爾斯語教學學校，這也呼應表7-1所呈現威爾斯語爲第一語言比例，學校高於家庭之調查結果。

　　另依2011年「威爾斯語言法」（Welsh Language (Wales) Measure 2011）第5條規定，威爾斯語言監察使必須定期公布關於威爾斯語語言地位的報告，首次語言地位報告期間爲本法生效至2015年12月31日，嗣後，每5年提出一次語言地位報告（5-year report）[13]。威爾斯語言監察使於2016年8月3日公布首次的威爾斯語語言地位5年報告（The Position of the Welsh Language 2012-2015: Welsh Language Commissioner's 5-year Report）。

　　上開首次5年報告指出，日常生活使用威爾斯語者僅占13%，威爾斯語社區（威爾斯語使用人口占該社區人口70%以上）由2001年的53個下降爲2011年的39個；但自1981年以來，5歲至15歲能說威爾斯語者，增加一倍（Welsh Language Commissioner, 2016: 37）。又上開5年報告亦指出，有超過85%認爲使用威爾斯語是值得驕傲的，且認爲威爾斯語是威爾斯文化重要元素（Welsh Language Commissioner, 2016: 17）。

　　此外，威爾斯語語言地位5年報告認爲威爾斯人出現離散（Welsh

---

[12] 就威爾斯語的使用，國小（Primary schools）學校類型可分爲：威爾斯語學校（Welsh-medium）、雙語學校（Dual stream）、威爾斯語爲主／英語爲輔學校（Transitional: Welsh-medium with significant use of English）、英語爲主／威爾斯語爲輔學校（Predominantly English-medium, with significant use of Welsh）、英語學校（English-medium）等五類（Jones, 2016: 2）。

[13] 另依2011年「威爾斯語言法」第18條，威爾斯語言監察使每年應提出年度報告（annual report）。

diaspora）議題，如移居英格蘭、美國、加拿大、紐西蘭、阿根廷巴塔哥尼亞（Patagonia）等地（Welsh Language Commissioner, 2016: 31），以及數位媒體（digital media）以英語為主（Welsh Language Commissioner, 2016: 13）議題等，成為推動語言政策的挑戰。

　　綜言之，在委任分權制度實施前，威爾斯語言政策並非英國中央政府的重點，而威爾斯分權政府成立後，積極推動威爾斯語言政策，提升了威爾斯語的語言地位（Welsh Language Commissioner, 2016: 23）。意即，國家的制度安排（分權政府與語言政策）對特定族群語言（威爾斯語）之傳承，扮演重要的驅力。

參、英國威爾斯語言政策

　　進入威爾斯邊界，映入眼簾的是Croeso i Gymru（Welcome to Wales）雙語路標，威爾斯境內的多數標誌，多以威爾斯語及英語雙語呈現。法律規範與行政措施，如何打造威爾斯雙語環境？

一、威爾斯語言法律框架

　　威爾斯併入英國係以1536年（Act of Union 1536）及1546年（Act of Union 1546）兩部合併法案為基礎，並規定英語為官方語言，政府機構、法院必須使用英語，如使用威爾斯語者，不得擔任政府公職（BBC, 2014）[14]。受語言政策導引，威爾斯境內使用英語人口快速增加，威爾斯語使用者日益減少。1746年，制定「威爾斯和伯威克法」（Wales and Berwick Act），在法律上界定英格蘭的範圍包含英格蘭、威爾斯、伯威克（Berwick-upon-Tweed），威爾斯視為英格蘭的一部分[15]。

---

[14] 事實上，當時威爾斯部分區域，威爾斯語是唯一的溝通語言，英國政府也理解不可能完全禁用威爾斯語，遂以建構使用流利英語的統治階級為目標（BBC, 2014）。

[15] 1746年威爾斯和伯威克法所定義的英格蘭範圍，也使得大英百科全書（Encyclopaedia Britan-

　　到了20世紀，語言政策轉向，翻轉禁用威爾斯語之政策，開始制定一系列法律，保障威爾斯語使用者的語言權，如表7-2。

表7-2　威爾斯語言法制沿革

年份	法案	規範重點
1942	威爾斯法庭法（Welsh Courts Act 1942）	開放人民如使用英語會產生訴訟上不利益（disadvantage）時，可在法庭使用威爾斯語。
1967	威爾斯語言法（Welsh Language Act 1967）	1. 依休斯帕里關於威爾斯語言地位報告（Hughes-Parry Report on the legal status of the Welsh language）之建議所制定。 2. 廢止「威爾斯和伯威克法」關於英格蘭範圍包含威爾斯之規定。 3. 賦予人民在法院使用威爾斯語進行口頭辯論的權利；但應注意的是，本法賦予威爾斯語與英語有同等效力（equal validity），非平等地位（not equal status）。
1993	威爾斯語言法（Welsh Language Act 1993）	1. 建立威爾斯語言委員會（Welsh Language Board）機制，負責「威爾斯語方案」（Welsh Language Scheme）之監察。 2. 本法第6條所界定公共機構（public body）提供服務，威爾斯語與英語應具平等地位。
2011	威爾斯語言法（Welsh Language (Wales) Measure 2011）	1. 廢除威爾斯語言委員會，建立威爾斯語言監察使（Welsh Language Commissioner）及威爾斯語言法庭（Welsh Language Tribunal）機制。 2. 本法第1條賦予威爾斯語具官方語言地位。 3. 建構威爾斯語言標準（Welsh Language Standards）。
2012	威爾斯官方語言法（National Assembly for Wales (Official Languages) Act 2012）[15]	1. 修正「威爾斯政府法」（Government of Wales Act 2006）第35條關於平等待遇（equality of treatment）規範，明定威爾斯語、英語皆為官方語言，議會議事所使用語言應平等地被對待。 2. 修正「威爾斯政府法」附錄2（Schedule 2）關於議會委員會（Assembly Commission）規定，實施「官方語言標準」（Assembly Commission's Official Languages Scheme）。

資料來源：整理自Law Wales, 2016a。

---

nica）出現「威爾斯部分，參見英格蘭」（For Wales see England）之條目（BBC, 2013）。

[16] 威爾斯議會於2008年至2011年通過的法律，稱為「Measure」，在2011年3月公民投票後，

表7-2顯示,威爾斯語的保障,是從政府機構開放威爾斯語的使用,逐步邁向雙語平等,並賦予威爾斯語官方語言地位。又在英國地方分權發展下,威爾斯議會逐步取得更廣泛立法權,陸續制定各部法律,建構威爾斯語之保障及促進措施。另除制定相關法律外,1982年設立威爾斯語電視台(SC4),製播威爾斯語節目。

此外,英國曾為歐洲聯盟的會員國,「歐洲人權公約」(European Convention on Human Rights)、「歐洲區域或少數民族語言憲章」(European Charter for Regional or Minority Languages)等,亦是形塑威爾斯語使用保障機制之重要元素。

二、威爾斯語言監察使

依2011年威爾斯語言法第2條及附錄1(Schedule 1)第3點規定,威爾斯語言監察使由首席部長任命,任期7年,不得連任。依2011年威爾斯語言法第12條,威爾斯語言監察使應任命副監察使(Deputy Commissioner),並得任命相關職員。威爾斯語言監察使辦公室的管理階層,由正副監察使、2位策略處長(Strategic Director)組成,在卡地夫(Cardiff)、卡馬森(Carmarthen)、卡納芬(Caernarfon)、洛辛(Ruthin)等地設有辦公室,員工總數逾40人。

除執行機關外,2011年威爾斯語言法第23條及第24條,設置諮詢小組(Advisory Panel to the Welsh Language Commissioner)作為威爾斯語言監察使之諮詢機構。諮詢小組由3人至5人組成,由部長(Welsh Ministers)任命,任期3年。

2011年威爾斯語言法第3條規定威爾斯語言監察使之職能,包含威

威爾斯議會取得制定「Act」之權,「威爾斯議會官方語言法」成為第一部由威爾斯議會通過,並經女皇御准生效之法律。2011年公民投票題目為「你同意議會就二十項分權事項取得完整立法權嗎?」(Do you want the Assembly now to be able to make laws on all matters in the 20 subject areas it has powers for?)投票結果,同意者為63.49%,反對者為36.51%(Bowers, 2011: 6)。

爾斯語之促進使用、語言平等、語言政策、語言標準、申訴調查、公布語言地位報告、年度報告、保障威爾斯語自由使用權（freedom to use Welsh）[17]等（Welsh Government, 2018）。而為促使相對人履行法定義務，2011年威爾斯語言法第83條賦予威爾斯語言監察使民事裁罰權（civil penalty），裁罰上限為5,000英鎊。

　　事實上，威爾斯之監察使，除威爾斯語言監察使外，尚有公共服務監察使（Public Services Ombudsman Wales）[18]、兒童權利監察使（Children's Commissioner for Wales）、老人福利監察使（Commissioner for Older People in Wales）、平等及人權保障監察使（Commission for Equality and Human Rights）等，皆為2011年威爾斯語言法第21條第6項定義的監察使（ombudsman）[19]。而其他專業型監察使，在威爾斯語事項，應遵守威爾斯語言監察使之管制，如老人福利監察使自2017年1月25日開始施行威爾斯語言標準。

三、威爾斯語言標準

　　威爾斯語言政策之制定，目前由心理健康及福利暨威爾斯語部長主

---

[17] 2011年威爾斯語言法第111條至第119條規範威爾斯語自由使用權之保障措施。

[18] 威爾斯公共服務監察使係依2005年制定「威爾斯公共服務監察使法」（Public Services Ombudsman (Wales) Act 2005）所設立，本法同時廢除威爾斯行政部門監察使（Welsh Administration Ombudsman）、威爾斯健康服務監察使（Health Service Commissioner for Wales）、威爾斯社會住宅監察使（Social Housing Ombudsman for Wales）、威爾斯地方行政部門監察使（Commission for Local Administration in Wales）等（Law Wales, 2016b）。嗣後，「威爾斯公共服務監察使法」於2019年修正（Public Services Ombudsman (Wales) Act 2019）。依2019年威爾斯公共服務監察使法第2條及附錄1規定，威爾斯公共服務監察使由議會提請女王任命，任期7年，不得連任；並經議會議員三分之二以上投票通過，予以免職。

[19] 威爾斯兒童權利監察使，依照顧標準法（Care Standards Act 2000）所設立。老人福利監察使，依威爾斯老人福利監察使法（Commissioner for Older People (Wales) Act 2006）所設立。另英國依警察改革與社會責任法（Police Reform and Social Responsibility Act 2011）所設置南威爾斯警察及犯罪事務委員（Police and Crime Commissioner for South Wales Police）、北威爾斯警察及犯罪事務委員（Police and Crime Commissioner for North Wales Police），由選民以「增補性投票制」（supplementary vote system）直選產生，任期4年，職司制定警察和犯罪事務計畫、決定警政優先事項、決定警政預算、任免警察局長等（North Wales PCC, 2019），雖亦稱Commissioner，但非屬監察使。

責；至於語言政策執行之水平課責，則由威爾斯語言監察使負責。

　　爲落實人民以威爾斯語接近使用公共服務之權，威爾斯語言監察使採行「威爾斯語方案」及「威爾斯語言標準」兩種政策工具[20]。參照表7-2的法制沿革，1993年的威爾斯語方案已逐漸爲2011年威爾斯語言標準所取代，目前除部分中央政府機構仍採「威爾斯語方案」外，多數的政府機構已改採「威爾斯語言標準」。

　　2011年威爾斯語言法賦予威爾斯語具官方語言地位[21]，並建構「威爾斯語言標準」機制，以保障威爾斯語使用者之語言權。威爾斯語言標準機制可分爲：1.威爾斯境內提供公共服務的機構都受到語言標準的規範，包含內部管理措施及對外服務提供；2.明確說明威爾斯語言使用者可獲得的服務，例如，致電機構時，機構受話者應以雙語問好，或以威爾斯語申辦案件，不會因語言使用而延遲回覆等（Welsh Language Commissioner, 2019a）。

　　具體實作上，威爾斯語言標準的設定及實施，可分爲四個階段：1.依法指定（named in the Measure）：依2011年威爾斯語言法指定應實施語言標準之機關（構）；2.進行語言標準調查（conduct a standards investigation）：藉由語言標準調查所得基礎資料，以決定特定機關（構）所應採的語言標準類型[22]；3.訂頒實施辦法（named in regulations）：經威爾斯議會通過，發布「威爾斯語標準實施辦法」（Welsh Language Standards (No. 7) Regulations 2018），由威爾斯語言監察使依上開辦法所定語言標準，要求機關（構）推行；4.給予「規範

---

[20] 2016年4月1日所發布「威爾斯語言監察使規範框架」（Welsh Language Commissioner's Regulatory Framework）規範「威爾斯語方案」及「威爾斯語言標準」之推動。

[21] 威爾斯語在歐洲聯盟具有共同官方語言（co-official language）地位。

[22] 依2011年威爾斯語言法第64條規定，完成語言標準調查後，語言監察使應提出調查報告（standards report），並分送給利害關係人、諮詢小組（Advisory Panel）、依本法第63條參與諮詢者、相關政府首長（Welsh Ministers）等。依2006年威爾斯政府法（Government of Wales Act 2006）第76條規定，訂定授權命令（subordinate legislation）須進行法規影響評估（regulatory impact assessment），語言標準調查報告，可提供政府進行法規影響評估之參考。威爾斯語言監察使已進行四次（round）語言調查，如2014年1月27日至2014年4月18日對各個國家公園管理機構（national park authorities）所進行的語言標準調查。

通知」（receive a compliance notice）：就特定機關（構）給予「規範通知」，敘明該機關（構）依實施辦法應推動的語言標準，及每項標準的施行日（imposition day）[23]，不同機構分別有各自的規範通知（Welsh Language Commissioner, 2019b）。

　　復依2011年威爾斯語言法第28條至第32條規定，威爾斯語言標準包含服務提供標準（service delivery standards）、政策制定標準（policy making standards）、執行標準（operational standards）、語言促進標準（promotion standards）、紀錄檔案保存標準（record keeping standards）等五項。威爾斯語言監察使享有依2011年威爾斯語言法第44條所賦予發布「規範通知」（compliance notices）權力，可就上開語言標準，依2018年威爾斯語標準實施辦法[24]規定，得就單一機關（構）之威爾斯語言標準，進行具體規範[25]。例如，威爾斯語言監察使於2017年9月29日發布的南威爾斯大學（University of South Wale）語言標準「規範通知」，就該校威爾斯語提供，設定近二百項的語言標準。又如威爾斯語言監察使於2018年11月30日發布的卡迪夫和河谷大學健康委員會（Cardiff and Vale University Health Board）語言標準「規範通知」，就該機構威爾斯語提供，設定近一百餘項的語言標準[26]。

---

[23] 各項語言標準施行日，與該機構收到「規範通知」之日，兩者間至少應間隔6個月（Welsh Language Commissioner, 2019b）。

[24] 「威爾斯語標準實施辦法」為具法律授權（enabling act）之授權命令（subordinate legislation/delegated legislation）性質，2015年起發布第1號（No. 7），至2018年為第7號。威爾斯語標準實施辦法所定威爾斯語言標準包含服務提供標準、政策制定標準、執行標準、紀錄檔案保存標準、補充事項（standards that deal with supplementary matters）等五項。

[25] 截至2019年11月底，已有122個政府機構完成威爾斯語言標準之「規範通知」程序。

[26] 基本上，威爾斯語使用者可要求政府機構以威爾斯語提供：1.電話接聽及回覆；2.書信往來；3.發布文件；4.發布網頁及社群媒體資訊；5.舉行會議；6.接待服務（Welsh Language Commissioner, 2019c）。

肆、客語為通行語之推動框架

一、法制規範層面

　　我國推動客語為通行語的法制架構可分為三個層次：1.法律：客家文化重點發展區依「客家基本法」，非客家文化重點發展區依「國家語言發展法」；2.法規命令：客家文化重點發展區依「客語為通行語實施辦法」，非客家文化重點發展區依「國家語言發展法施行細則」；3.行政規則：執行措施散見於相關行政規則，如「客語沉浸式教學推動實施計畫案」、「客家委員會獎勵客語績優公教人員作業要點」等，成效評核則依「客家委員會推動客語為通行語成效評核及獎勵作業要點」辦理。

　　第一，在法律層次，依客家基本法第4條規定，實施客語為地方通行語之地區，為客家文化重點發展區，並依客家人口比例是否超過二分之一，分別實施「客語為主要通行語」或「客語為通行語之一」。至於非客家文化重點發展區，是否及如何實施客語為通行語，客家基本法皆未規定，依國家語言發展法第1條第2項規定，可適用國家語言發展法相關規定。意即，非客家文化重點發展區，得依國家語言發展法第12條規定，指定特定國家語言為區域通行語之一。

　　第二，在法規命令層次，我國憲法第171條及第172條建構我國憲法、法律、命令三層次之法規範體系；行政命令，可分為「法規命令」及「行政規則」兩類，行政程序法第150條及第159條定有明文。依客家基本法第4條第3項之授權，客家委員會於2018年11月26日發布「客語為通行語實施辦法」之法規命令。客語為通行語實施辦法規範內容包含：1.人民以客語作為接近使用公共服務之權利（第4條至第6條、第11條）；2.獎勵廣播電視（電臺）於公用或公益頻道製播客語節目（第7條）；3.鼓勵民間企業以客語提供公共服務及播音（第8條）；4.保障學童以客語作為學習及教學語言之權利（第9條）；5.客家文字書寫公文書、設置客語通行語及傳統名稱之標示（第10條）；6.人民以客語接近使用公共服務權之

彈性，如參與者多屬非客家族群或不諳客語，或案件性質特殊且涉及多方利益，得以其他語言進行（第11條但書）；7.政府公共服務之延伸，如委託行使公權力（第12條）；8.公教人員通過客語能力認證（第13條）；9.獎勵執行客語為通行語相關事項成效優良者（第14條）；10.客語與原住民語之通行語的爭端解決機制（第15條）。事實上，客語為通行語實施辦法之規範內容，除客家基本法第4條關於通行語規定外，亦涉及客家基本法第3條、第9條（公教人員通過客語認證比例）、第12條（實施以客語為教學語言計畫）等規定。

　　第三，在行政規則層次，為使客語為通行語實施成效評核及獎勵有所依循，客家委員會於2019年11月5日訂定「客家委員會推動客語為通行語成效評核及獎勵作業要點」，以評核客語為通行語地區之直轄市、縣（市）政府及鄉（鎮、市、區）公所[27]。又為強化「客語為通行語」地區之客語推動，客家委員會訂頒「客語友善環境之推動與營造推動指南」，由政府機構結合民間單位推動：1.公部門以客語提供公共服務，包含：服務場所客語無障礙環境整備、服務人員整備、提供客語溝通及口譯服務、各項活動之舉辦適當使用客語、電視及廣播節目適當度露出客語等；2.鼓勵民間提供客語服務，包含：社區商家共同參與「我（𠊎）講客」運動、社區活動涵納客語、地方媒體製播節目適度使用客語等；3.保障學童以客語作為學習及教學語言，包含：盤點具備客語能力之師資概況、鼓勵及培育以客語為教學語言之師資人才、鼓勵開設客語學習相關課程、獎勵師生參與各級客語能力認證考試；4.標示客語服務「𠊎講客」標章。

---

[27] 依客家委員會訂頒「2019年推動客語為通行語成效評核重點項目及指標」，總分為120分，分為：1.客語能力認證通過情形（50分），包含公教人員通過客語能力認證達成情形（20分）、高級中學以下之在學學生通過客語能力認證達成情形（25分）、民眾通過客語能力認證達成情形（5分）；2.客語友善環境之推動與營造（50分），包含保障學童以客語作為學習及教學語言之權利（20分）、公部門以客語提供公共服務之能力（20分）、鼓勵民間提供客語服務之情形（10分）；3.額外加分項目（20分），包含其他有助於推展客語為通行語之事項（10分）、積極進用客語師資（5分）、推動公民社會參與形塑講客風氣（5分）。

二、推動組織層面

依「客語爲通行語實施辦法」規範，人民於客語爲通行語地區，享有客語作爲學習語言、接近使用公共服務及傳播資源等權利；政府應提供客語口譯、客語公文書、客語通行語及傳統名稱標示等服務。涉及推動客語爲通行語之機關（構）及組織，包含：1.中央政府；2.地方政府；3.學校及幼兒園；4.公營事業機構；5.政府捐助之財團法人；6.受政府補助或委託之民間團體或個人；7.公用事業及政府特許行業；8.民間企業。基本上，客語爲通行語實施辦法將相關公私部門分爲「義務性」及「獎勵性」兩類。

首先，應具備以客語提供公共服務之義務者，包含客語爲通行語地區內之政府機關（構）、學校、公用事業、政府特許行業等對外提供公共服務，及政府委託民間團體或個人辦理之公共服務或各類型活動。

其次，以鼓勵或獎勵措施促使特定組織團體以客語提供服務者，包含獎勵客語爲通行語地區內之有線廣播電視系統及地方廣播電台，於各項活動廣告、宣傳、製播客語版本，或鼓勵客語爲通行語地區內之民間企業以客語提供公共服務及播音。

伍、客語為通行語政策之檢討與精進

依客家委員會2016年調查資料顯示，約有31%客家民眾在初認識朋友前會主動表明其客家人身分（客家委員會，2017：7-8），有88%的客家民眾認爲出門在外時說客語的機會減少（客家委員會，2017：14），某種程度反映出臺灣社會客語未能充分通行的心態與因素。因而，「客家委員會推動客語爲通行語成效評核及獎勵作業要點」及「2019年推動客語爲通行語成效評核重點項目及指標」，對推動客語爲通行語成效優良者，發放獎勵金。惟除獎勵措施外，通行語政策亦有檢討與精進之處。

一、政策之檢討

（一）法律競合

　　按我國關於族群語言之法制規範，除客家基本法外，尚有「大眾運輸工具播音語言平等保障法」、「原住民族語言發展法」、「國家語言發展法」等。不同法律可能在特定行政區實施地方通行語，而產生競合，如花蓮縣鳳林鎮爲客家文化重點發展區，客家人口比例爲57.9%（客家委員會，2017：36），應實施客語爲主要通行語；但因鳳林鎮亦爲原住民地區，客語與原住民族地方通行語同時爲通行語（客家基本法第4條第2項）。然而，鳳林鎮亦有一定數量的閩南語使用者[28]，如欲依國家語言發展法第12條及國家語言發展法施行細則第8條規定，指定閩南語爲鳳林鎮區域通行語，是否合於客家基本法第4條第2項規定，容有爭議餘地。

（二）客家腔調

　　各族群語言尚有腔調、語種之次類型；客語之腔調使用，可分爲四縣、海陸、大埔、饒平、詔安等客家腔調（客家基本法第2條第3款）。至於原住民族語言，則有16族42個語言別（行政院，2018）。特定行政區之地方通行語，是否考慮當地客語腔調或原住民族語言別？原住民族委員會已依原住民族語言發展法第2條第2項規定，參酌三項指標：1.該區域人口數最多之族語別；2.該區域人數達1,000人之族語別；3.屬原住民族瀕危語言，且該區域爲傳統居住地區者，公告原住民地區之地方通行語。上開三項指標屬擇一要件，例如高雄市桃源區的拉阿魯哇語，或是那瑪夏區的卡那卡那富語，雖然人數未達到1,000人，但因爲其屬瀕危語言，又有傳統居住的地區，符合第三要件而被認定爲地方通行語（江彥佐，2018）。事實上，兼具客家文化重點發展區及原住民行政區之「客原複合行政區」，客語與原住民族語應同時爲通行語，不同的客家腔調、不同

---

[28] 依2016年的語言微觀調查結果顯示，鳳林鎮客語使用戶數有1,985戶，閩南語1,022戶，南島語624戶，其他217戶，共計調查3,848戶（黃菊芳，2017）。

的原住民族語言別，同時使用同一場域[29]，在政府資源有限的情形下，如何採取適當行政措施，滿足人民以國家語言接近使用公共服務權，又能符合國家語言平等之法律要求，恐為重要挑戰。

又客語為通行語地區之公文書、設置客語通行語及傳統名稱[30]的標示，得以客家文字呈現，依客語為通行語實施辦法第2條第1款規定，客家文字係指依各地通行客家腔調，用以溝通及表達客語之書寫系統。意即，不同通行語地區，或同一通行語地區，恐因不同客家腔調，而以不同的客家文字書寫公文書、設置標示。

然而，客家委員會則未規範客家文化重點發展區之客語腔調使用，未來恐生爭議。例如，以四縣腔為主的苗栗縣獅潭鄉，如特定人於戶政事務所洽公，依法要求政府機關以海陸腔提供客語服務，受理機關該如何處理？

（三）民間企業之干預強度

對於客語政策之推動，客家基本法採取政府機關（構）與民間企業雙軌干預機制，對於政府機關（構）之干預強度較高，對民間企業則採以鼓勵之低干預方式。然而，客語為通行語實施辦法第6條除規範公用事業外，並納入「政府特許行業」，諸如銀行業、電信業等民間企業，要求渠等對外提供公共服務時，應具備以客語提供公共服務之能力。意即，一般民間企業係依客語為通行語實施辦法第8條，採鼓勵之低干預方式；惟如為政府特許之民間企業，因其與民眾日常生活相關，且受政府高度管制，

---

[29] 以花蓮縣花蓮市為例，當地客語使用者，多數為融合四縣及海陸的四海腔；而原住民地方通行語，依原住民族委員會公告的地方通行語為阿美語、太魯閣語、撒奇萊雅語三種語言別。花蓮地區四海腔（海四腔）的由來有二：1.由西部通行的四海腔鄉鎮，例如桃園市楊梅區、平鎮區，新竹縣關西鎮、峨嵋鄉，苗栗縣南庄鄉、頭份市等地，經由遷徙帶到花蓮；2.四縣腔與海陸腔的客家人混居，或者毗鄰而居，經由交流往返，互相影響，語言接觸結果而產生「四海腔」（呂嵩雁，2007；花蓮縣政府，2014：4）。

[30] 威爾斯語言監察使已建置威爾斯語地名標準表（List of Standardised Welsh Place-names），以英語及威爾斯語對照呈現地名。客家地區的道路指標，傳統地名易出現文字書寫錯誤之情況，如苗栗公館「出磺坑」誤繕為「出礦坑」、獅潭的「楔隘古道」誤繕為「錫鎰古道」等（自由時報，2011）。

則依本辦法第6條，規範其義務。

　　政府特許行業之民間企業，不同於公營企業，其資本及股權皆屬私人，如欲要求民間企業配合國家政策，若無明確的法律規範，似乎僅能採取不具法律上強制力之「行政指導」（行政程序法第165條）方式。客家委員會雖非相關政府特許行業之主管機關，不易直接施以行政指導，但客家委員會可運用客家基本法第6條「國家客家發展計畫」機制，賦予政府特許行業之主管機關推動「客語為通行語實施辦法」第6條之義務。

　　惟政府特許行業之民間企業，本質上為私人企業，在母法（客家基本法）未明文授權，遽以行政命令（客語為通行語實施辦法）課予其義務，是否妥適，有待實作釐清。

二、政策之精進：威爾斯經驗之借鏡

（一）調查民眾客語需求，因地制宜設定客語服務標準

　　現行客語為通行語政策之推動，以行政機關為中心的思維，盤點政府可提供的客語服務後，採取全國一致的客語服務措施，並由客家委員會以一致的標準評核70個客家文化重點發展區之通行語執行成效，但卻未先行調查地方居民所需之客語需求。意即，在客語為通行語地區之政府機構，不問其性質、服務對象，皆應提供相同的客語公共服務[31]；且不論近山客家地區（如龍潭）、都會客家（如中壢）、濱海客家（如新屋）的客語服務內容與標準，亦皆相同，未考慮當地客家族群之需求。然而，不同地區的客家人，有不同的年齡結構、不同的生活方式，接受政府的公共服務方式也不同，如新屋區的客家長者習慣透過區公所里幹事取得資訊與服務，中壢區的客家青年則偏好以網際網路申辦案件。

　　相對地，英國威爾斯政府以「威爾斯語言標準」推動威爾斯語公共服務時，先進行語言標準調查，了解民眾的語言服務需求，再就不同機構逐

---

[31] 客語為通行語實施辦法第11條及第13條第3項就特定會議之進行、特殊性質機關（學校）公教人員通過客語比例，雖設有彈性例外規定，但適用對象及範圍，仍屬有限。

一給予「規範通知」，明定該機構之語言服務內容，充分考量民眾的需求及機構的性質。

借鏡英國威爾斯政府的實作經驗，客語為通行語之實施，應以滿足利害關係人需求為中心之政策思維，考慮地方上客家族群的客語需求，及當地政府機關（構）的種類，選擇符合在地需求之公共服務，優先推動，俾利政府資源效益極大化。例如，桃園市新屋區人口外流，當地客家人趨向於高齡化，長照及醫療需求較高，客語為地方通行語之推動，應以長照及醫療機構為重點，且客語服務不應侷限於行政人員接聽電話之客語服務等，應以推動「衛生福利部桃園醫院新屋分院」之「醫護客語」服務為重點，打造醫生問診、護理師照顧病人之客語環境。

（二）增加語言政策工具

我國客家政策長期以預算補助之誘導性政策工具來推動，惟2018年修正客家基本法，已將客家語言平等權、接近使用公共服務權等入法，如何督促相關機關（構）落實人民語言權利保障？又客語為通行語實施辦法規範諸多政府機關、受政府委託民間企業或團體之法律義務，該如何促其履行法定義務？

依2011年威爾斯語言法第83條規定，威爾斯語言監察使得就特定人違反本法，處以5,000英鎊以下罰鍰。行政罰是促使相對人（包含政府機構）履行義務的重要手段，為避免客語為通行語實施辦法僅為訓示規定，未來可考慮修法納入行政罰之政策工具。應注意者，若建構行政罰之政策工具，應給予相對人相應的司法救濟權，俾以權利義務平衡。

又客語為通行語政策之執行，多涉及直轄市、縣（市）政府之自治權，如國小師資遴聘（地方制度法第18條第4款及第19條第4款）。依地方制度法第2條及第14條規定，直轄市、縣（市）為地方自治團體，具公法人地位。又依司法院釋字第550號解釋意旨，法律之實施須由地方負擔經費者，應予地方政府充分之參與。就府際治理（intergovernmental governance）角度，為推動客語為通行語政策，應由中央政府、地方自治

團體、民間團體共組府際治理平臺，以利政策推動。

（三）建構政策執行之監察機制

如何落實少數語言群體之權利保障？客語為地方通行語政策如何被確實地執行？聯合國大會於1994年3月4日第48/134號決議通過「促進和保護人權的國家機構」（National Institutions for the Promotion and Protection of Human Rights）（又稱「巴黎原則」，Paris Principles）是一個重要的文件。巴黎原則旨在鼓勵各國設立獨立超然的國家人權機構（National Human Rights Institutions, NHRIs）以獲致：1.人權之保障（protect），包含受理、調查、解決申訴案件，及調解衝突與監測政府活動；2.人權之促進（promote），透過教育、推廣、媒體、出版品、訓練等方式提振人權發展（Hood, Deva, 2013: 69-70）。為保護特定語言群體之語言權利，西方國家在制度設計上，發展出語言監察使機制，透過設置「一般型監察使」或「專業型監察使」，確保語言法律之執行，並精進語言政策；以國際語言監察使協會（International Association of Language Commissioners）的會員為例，專業型監察使，除威爾斯語言監察使外，尚有科索沃語言監察使（Language Commissioner of Kosovo）、愛爾蘭語言監察使（Irish Language Commissioner）、加拿大聯邦政府官方語言監察使（Commissioner of Official Languages）、加拿大紐布朗斯維克省官方語言監察使（Commissioner of Official Languages for New Brunswick）、加拿大西北地區語言監察使（Languages Commissioner for the Northwest Territories）、加拿大努納福特地區語言監察使（Languages Commissioner of Nunavut）等（王保鍵，2019）。

Hermann Amon（2019: 171）指出，語言監察使具有監察使（ombudsman）、審計官（auditor）、語言權促進者（promoter）三種角色。就威爾斯語言監察使運作經驗顯示，語言監察使之功能，實不限於消極性申訴處理，尚具有積極性的政策引導功能，如透過語言地位報告或年度報告提出政策興革建議。因此，為落實我國客家基本法及相關語言法

制所建構的語言權利，應設置「國家語言監察使」。

　　若考量我國五權分立之憲政體制，國家語言監察使可設置於監察院，至於究應採取「由監察委員兼任國家語言監察使」或「專設國家語言監察使」模式？按2020年1月8日制定公布「監察院國家人權委員會組織法」第2條規定略以，該會得對涉及酷刑、侵害人權或構成各種形式歧視之事件進行調查；依法處理及救濟，並得就國家人權政策，或人權法制之修憲、立法及修法，提出建議。以往監察院以防貪杜弊為主要職能，推動國家語言監察制度實屬高度困難；然而，因應監察院國家人權委員會之設立，實應趁此政策窗開啓時機，致力完善國家語言監察制度。若欲建構國家語言監察制度之可行性，可考慮以兩階段方式為之：1.先從監察委員提名機制入手，以「人權監察委員提名國家語言專長」，產生國家語言監察委員，以現行「監察法」、「國家語言發展法」、「客家基本法」為依據，進行語言監察，累積實作經驗；2.在獲得豐富的國家語言監察實作經驗後，反思現行國家語言法制架構與政策執行之問題，釐清語言監察之政策問題，進行國家語言監察制度之建構。

陸、結語

　　為建構國家語言制度性機制，政府於2018年修正公布客家基本法第4條規定客語為通行語。客語為通行語制度為復振客語之引擎，並有助於客家族群意識的提升。本文以文獻分析法，運用政策工具及水平課責理論，以「制度」影響「行為」路徑，分析英國威爾斯語言政策之法制規範及實務操作，探討其語言法制所建構「語言權利」，及其語言措施所創造「語言使用環境」，提升「語言使用人口」數量。

　　本文研究發現：1.英國威爾斯語言監察使之功能，非僅消極的水平課責，尚具有促進語言發展的政策推動之積極功能；2.英國威爾斯語言監察使設定語言標準，先進行語言需求調查，依據調查結果，採取以滿足利害

關係人需求之「客製化」模式，針對各個機關（構）以書面文件，設定該機關（構）服務民眾所需之語言服務標準。

　　基於上開研究發現，本文提出相應之政策建議為：1.我國監察院為一般型監察使，功能又侷限於防貪杜弊，為落實人民之國家語言權利，應藉監察院設立國家人權委員會之政策窗開啓時機，建構專業型之語言監察使機制；2.考量客語腔調多元性、客庄生活型態多元性、客庄人口結構差異性，建議應先進行客語需求調查，再因地制宜地推動客語為通行語政策，俾使政策產出及執行能滿足地方居民之客語需求。

　　又人民於其權利遭受公權力侵害時，得循法定程序提起爭訟，俾其權利獲得適當之救濟（司法院釋字第684號解釋）。我國客語等國家語言，已在客家基本法、國家語言發展法規範下，賦予人民語言權，考量語言政策涉及族群平等，及具相當程度專業性，宜思考建構語言救濟機制之可能性。

參考文獻

一、中文部分

王保鍵（2017）。論直轄市區級政府自治：英國大倫敦市經驗之借鏡。文官制度，9（3），91-118。

王保鍵（2019）。書評：憲法先驅：語言監察使暨官方、少數族群、原住民族語言之保護。全球客家研究，13，191-200。

王保鍵（2020）。臺灣國家語言與地方通行語法制基礎探討。全球客家研究，14，37-68。

江彥佐（2018）。原住民族語言發展法法制面之探討與落實—以德國地區性及少數民族語言之保障為比較中心。載於東吳大學法學院編輯，第八屆原住民族傳統習慣規範與國家法制研討會論文集，頁11-16。新北：原住民族委員會。

自由時報（2011）。客家地名錯得離譜，楊長鎮籲正名。https://news.ltn.com.tw/news/local/paper/526203。2019/11/31。

行政院（2018）。臺灣語言現況。https://www.ey.gov.tw/state/99B2E89521FC31E1/e5b8c473-0956-42de-b4c6-b55466228cc1。2019/11/31。

呂嵩雁（2007）。臺灣四海客語的音韻擴散研究。臺北市立教育大學學報，38（1），45-70。

花蓮縣政府（2014）。花蓮縣客語補充教材（第二冊）。花蓮：花蓮縣政府。

客家委員會（2017）。2016年度全國客家人口暨語言基礎資料調查研究。新北：客家委員會。

黃菊芳（2017）。花蓮縣鳳林鎮客家話的家戶空間分布。民族學研究所資料彙編，25，25-44。

謝卓君（2017）。從政策工具選擇省思臺灣高等教育治理。教育研究集刊，63（3），41-75。

二、外文部分

Amon, Hermann (2019). Levers for Action of the Language Commissioner: Proactivity for More Impact. In Hermann Amon and Eleri James (Eds.), *Constitutional Pioneers: Language Commissioners and the Protection of Official, Minority and Indigenous Languages* (pp. 167-184). Montreal: Editions Yvon Blais.

BBC (2013). *Were Plaid Cymru founders fascist sympathisers?* Retrieved November 5, 2019, from: https://www.bbc.com/news/av/uk-wales-23745827/were-plaid-cymru-founders-fascist-sympathisers.

BBC (2014). *The 1536 Act of Union.* Retrieved November 2, 2019, from: https://www.bbc.co.uk/wales/history/sites/themes/periods/tudors_04.shtml.

BBC (2020). *Welsh assembly renamed Senedd Cymru/Welsh Parliament.* Retrieved March 25, 2021, from: https://www.bbc.com/news/uk-wales-politics-52544137.

Bowers, Paul (2011). *Referendum in Wales.* Commons Briefing papers SN05897, London: House of Commons Library.

Economist (2014). *Why Wales (probably) won't demand its own referendum on independence.* Retrieved November 15, 2019, from: https://www.economist.com/the-economist-explains/2014/09/15/why-wales-probably-wont-demand-its-own-referendum-on-independence.

European Commission (2019). *United Kingdom-Wales.* Retrieved November 18, 2019, from: https://eacea.ec.europa.eu/national-policies/eurydice/content/population-demographic-situation-languages-and-religions-96_en.

Gov.UK (2018). *Reserved Powers Model for Wales.* Retrieved November 15, 2019, from: https://www.assembly.wales/en/bus-home/bus-legislation/bus-legislation-guidance/Pages/Reserved-Powers.aspx.

Hood, Christophe (1986). *The Tools of Government.* Chatham, Chatham House Publishers.

Howlett, Michael and Ramesh, M. (199). Patterns of Policy Instrument Choice: Policy Styles, Policy Learning and the Privatization Experience. *Policy Studies Review*, 12 (1-2), 3-220.

Hudon, Marie-Ève (2016). *Official Languages in Canada: Federal Policy.* Library of Parliament, Publication No. 2011-70-E, Retrieved October 30, 2019, from: https://lop.parl.ca/sites/PublicWebsite/default/en_CA/ResearchPublications/201170E.

Jones, Megan (2016). *Welsh-medium education and Welsh as a subject.* Paper No. 16-048, Cardiff: National Assembly for Wales.

Law Wales (2016a). *Historical timeline of Welsh law.* Retrieved November 5, 2019, from: https://law.gov.wales/constitution-government/how-welsh-laws-made/timeline-welsh-law/?lang=en#/constitution-government/how-welsh-laws-made/timeline-welsh-law/?tab=overview&lang=en.

Law Wales (2016b). *Public Services Ombudsman for Wales*. Retrieved November 25, 2019, from: https://law.gov.wales/constitution-government/public-admin/ombudsman/?lang=en#/constitution-government/public-admin/ombudsman/?tab=overview&lang=en.

Lührmann, Anna and Marquardt, Kyle L. and Mechkova, Valeriya (2017). *Constraining Governments: New Indices of Vertical, Horizontal and Diagonal Accountability*. V-Dem Working Paper 2017: 46.

North Wales PCC (2019). *Role and Responsibilities*. Retrieved November 29, 2019, from: https://www.northwales-pcc.gov.uk/en/About-the-Commissioner/Role-and-Responsibilties.aspx.

Organisation for Economic Co-operation and Development [OECD]. (2016). United *Kingdom: Unitary Country*. Retrieved April 28, 2020, from: https://www.oecd.org/regional/regional-policy/profile-United-Kingdom.pdf.

Schneider, Anne and Ingram, Helen (1993). Social Construction of Target Populations: Implications for Politics and Policy. *The American Political Science Review*, 87 (2), 334-347.

StatsWales (2015). *Welsh Language Use Survey 2013-15: Use of the language*. Retrieved October 28, 2019, from: https://statswales.gov.wales/Catalogue/Welsh-Language/Language-Use-Surveys.

Torrance, David (2019). *Reserved matters in the United Kingdom*. Commons Briefing Paper, No. CBP 8544, London: House of Commons Library.

Welsh Government (2018). *Vacancy: Appointment of Welsh Language Commissioner*. Retrieved November 20, 2019, from: https://cymru-wales.tal.net/vx/mobile-0/appcentre-3/brand-2/candidate/so/pm/1/pl/8/opp/4663-Appointment-of-Welsh-Language-Commissioner/en-GB.

Welsh Language Commissioner (2016). *The Position of the Welsh Language 2012-2015: Welsh Language Commissioner's 5-year Report*. Retrieved November 10, 2019, from: http://www.comisiynyddygymraeg.cymru/english/news/Pages/5-year-report.aspx.

Welsh Language Commissioner (2019a). *What are Welsh language standards?* Retrieved November 13, 2019, from: http://www.comisiynyddygymraeg.cymru/English/Organisations/Pages/What-are-standards.aspx.

Welsh Language Commissioner (2019b). *Imposing standards on organisations.* Retrieved November 13, 2019, from: http://www.comisiynyddygymraeg.cymru/English/Organisations/Pages/Set-standards.aspx.

Welsh Language Commissioner (2019c). *Rights to use the Welsh language.* Retrieved November 16, 2019, from: http://www.comisiynyddygymraeg.cymru/English/My%20 rights/RightstousetheWelshlanguage/Pages/RightstousetheWelshlanguage.aspx.

Welsh Language Tribunal (2019). *Welsh Language Tribunal Annual Report 2017-2018.* Retrieved November 15, 2019, from: https://welshlanguagetribunal.gov.wales/annual-reports.

Welsh Parliament (2021). *How are Members of the Senedd are elected?* Retrieved March 31, 2021, from: https://senedd.wales/how-we-work/about-members-of-the-senedd/how-are-members-of-the-senedd-are-elected/.

國家圖書館出版品預行編目資料

制度設計與臺灣客家發展／王保鍵等著；周錦
　宏主編. －－初版. －－臺北市：五南圖書
　出版股份有限公司, 2021.08
　面；　公分
　ISBN 978-986-522-901-6（平裝）

1.客家　2.文集　3.臺灣

536.21107　　　　　　　　　110010091

4P85

制度設計與臺灣客家發展

主　　　編 ― 周錦宏（106.8）

作　　　者 ― 王保鍵、吳忻怡、周錦宏、姜貞吟、孫煒、
　　　　　　　張陳基、劉小蘭（按姓氏筆劃排序）

發 行 人 ― 楊榮川

總 經 理 ― 楊士清

總 編 輯 ― 楊秀麗

副總編輯 ― 劉靜芬

責任編輯 ― 呂伊真

封面設計 ― 姚孝慈

出 版 者 ― 五南圖書出版股份有限公司

地　　　址：106台北市大安區和平東路二段339號4樓

電　　　話：(02)2705-5066　　傳　　　真：(02)2706-6100

網　　　址：https://www.wunan.com.tw

電子郵件：wunan@wunan.com.tw

劃撥帳號：01068953

戶　　　名：五南圖書出版股份有限公司

法律顧問　林勝安律師事務所　林勝安律師

出版日期　2021年8月初版一刷

定　　　價　新臺幣350元

經典永恆·名著常在

五十週年的獻禮——經典名著文庫

五南，五十年了，半個世紀，人生旅程的一大半，走過來了。

思索著，邁向百年的未來歷程，能為知識界、文化學術界作些什麼？

在速食文化的生態下，有什麼值得讓人雋永品味的？

歷代經典·當今名著，經過時間的洗禮，千錘百鍊，流傳至今，光芒耀人；

不僅使我們能領悟前人的智慧，同時也增深加廣我們思考的深度與視野。

我們決心投入巨資，有計畫的系統梳選，成立「經典名著文庫」，

希望收入古今中外思想性的、充滿睿智與獨見的經典、名著。

這是一項理想性的、永續性的巨大出版工程。

不在意讀者的眾寡，只考慮它的學術價值，力求完整展現先哲思想的軌跡；

為知識界開啟一片智慧之窗，營造一座百花綻放的世界文明公園，

任君遨遊、取菁吸蜜、嘉惠學子！